国家出版基金项目
NATIONAL PUBLICATION FOUNDATION

U0862295

汉画总录

7

绥德

GUANGXI NORMAL UNIVERSITY PRESS
广西师范大学出版社
· 桂林 ·

The Getty Foundation

本项目研究得到盖蒂基金会的资助。

Research for this publication was supported by a grant from the Getty Foundation.

项目统筹　汤文辉　罗文波　李　琳
责任编辑　李　琳　陈艾利　窦兆娜　孟建升
装帧设计　李若静　陆润彪　刘　凛　黄　赟
责任技编　伍智辉

图书在版编目（CIP）数据

汉画总录. 7，绥德 / 康兰英，朱青生主编. —桂林：
广西师范大学出版社，2012.8（2023.3 重印）
ISBN 978-7-5495-3120-2

Ⅰ．汉… Ⅱ．①康…②朱… Ⅲ．①画像砖－史料－
研究－中国－汉代②画像砖－史料－研究－绥德县－汉代
Ⅳ．K879.444

中国版本图书馆 CIP 数据核字（2012）第 307373 号

广西师范大学出版社出版发行

（广西桂林市五里店路 9 号　邮政编码：541004）
（网址：http://www.bbtpress.com）

出版人：黄轩庄

全国新华书店经销

广西广大印务有限责任公司印刷

（桂林市临桂区秧塘工业园西城大道北侧广西师范大学出版社集团
有限公司创意产业园内　邮政编码：541199）

开本：787 mm × 1 092 mm　1/16

印张：14.75　　字数：100 千字

2012 年 8 月第 1 版　　2023 年 3 月第 2 次印刷

定价：800.00 元

如发现印装质量问题，影响阅读，请与出版社发行部门联系调换。

编辑委员会

主任

顾森　周其凤

委员

陈江凤　陈履生　陈松长　方拥　高书林　高文　顾森　韩顺发　韩玉祥　何林夏　贺西林
何志国　T. Hoellmann　胡新立　黄雅峰　蒋英炬　康兰英　L. Ledderose　李宏
李江　李世勇　李孝聪　缪哲　L. Nickel　牛天伟　M. Nylan　M. Powers　J. Rawson
闪修山　苏肇平　唐长寿　王恺　汪悦进　魏学峰　翁剑青　巫鸿　武利华　信立祥　徐婵菲
阎根齐　杨爱国　杨孝军　杨絮飞　游振群　于秋伟　曾繁模　张新宽　赵超　赵殿增
赵化成　郑先兴　郑岩　周其凤　朱存明　朱青生

本卷主编

康兰英　朱青生

本卷主编助理

张欣　陈亮　张文靖　闵坤　郝元义　练春海　华昊　刘冠　徐呈瑞

本卷编辑工作人员

李若静　刘朴　张琦琪　杨超　仝丽丽　郑亚萌　张铭慧　董红卫　张彬彬

序

文字记载，图画象形。人性之深奥、文化之丰富俱在文献形相之中；史实之印证、问题之追索无非依靠文字图形。[1] 汉画乃有汉一代形相与图画资料之总称。

汉代之前，有各种物质文化遗迹与形相资料传世。但是同时代文献相对缺乏，虽可精观细察，恢复格局，重组现象，拾取位置、结构和图像信息，然而毕竟在紧要处，但凭推测，难于确证。汉代之后，也有各种物质文化遗迹与形相资料传世，但是汉代之前问题不先行获得解释，后代的讨论前提和基础就愈加含糊。尤其渊源不清，则学难究竟。汉代的文献传世较前代为多，近年汉代出土文献日增，虽不足以巨细问题尽然解决，但是与汉代之前相比，判若文献"可征"与"不可征"之别。所以，汉画作为中国形相资料的特殊阶段，据此观察可印之陈述，格局能佐之学理，现象会证之说明；位置靠史实印证，结构倚疏解诠释。因图像信息与文字信息的双重存在，将使汉画成为建立中国图像志，用形相学的方法透入历史、文化和人性的一个独特门类。此汉画作为中国文化研究关键理由之一。

两汉之世事人情、典章制度可以用文字表达者俱可在经史子集、竹帛简牍中钩沉索隐，而信仰气度、日常生活不能和不被文字记述者，当在形相资料中考察。形者，形体图像；相者，结构现象。事隔两千年形成古今感受之间的千仞高墙，得汉画其门似可以过入。而中国文明的基业，多始于汉代对前代的总结、集成而制定规范；即使所谓表率万世之儒术，亦为汉儒所解释而使之然。诸子学说亦由汉时学人抄传选择，隐显之功过多在汉人。而道德文章、制度文化之有形迹可以直接回溯者，更是在汉代确立圭臬，千秋传承，大同小异，直至中国现代化来临。往日的学术以文字文献为主，自从进入图像传播时代，摄影、电视造成了人类看待事物的新方法，养成了直接面对图像的解读能力。于是反观历史，对于形相资料的重视与日俱增。因此，由于汉代奠定汉族为主

---

[1] 对于古史，有所谓四重证据法：传世文献+出土文献+出土文物+依地形、位置和建筑建构遗存复原的文化环境设想。但任何史实，多少都有余绪流传至今，则可通过现今活态遗存，以今证古，这是西方人类学、文化地理学中使用的方法。例如，可从近日的墓葬石工技艺中考溯汉代制作；再如，今日非物质文化遗产中的祭祀庆典仪式，其中可能有此地同族举行同类型活动的延承，正所谓"礼失而求诸野"。所以，对于某些历史对象，可以采用"六重证据法"：传世文献+出土文献+出土文物+复原的文化环境设想+现今活态遗存+试验考古（即用当时的工具、材料、技术、观念重新试验完成一遍古代特定的任务）。对问题的追索无非依靠文字和形相两种性质的材料，故略称"文字图形"。

体的文明而重视汉代，由于读图观相的时代到来而重视图画，此汉画之为中国文化研究关键理由之二。

"汉画"沿用习称。《汉画总录》关注的汉画包括画像石、画像砖、帛画、壁画、器物纹样和重要器物、雕刻、建筑（宗教世俗场所和陵墓）。所以，与《汉画总录》互为表里的国家图像数据库 [2] 则称之为"汉代形像资料"，是为学术名称。

汉画研究根基在资料整理。图像资料的整理要达到"齐全"方能成为汉画学的基础。所谓齐全，并非奢望汉代遗迹能够完整留存至今，而是将现存遗址残迹，首先确定编号，梳理集中，配上索引，让任何一位学者或观众，有心则可由之而通览汉代的形相资料总体，了解究竟有多少汉代图形存世。能齐观整体概况，则为齐也。如果进一步追索文化、历史和人性的问题，则可利用这个系统，有条理、有次序地进入浩瀚的形相数据，横征纵析，采用计算机详细精密的记录手段和索引技术，获取现有的全部图像材料。与我们陆续提供给学界的"汉代古文献全文数据库"和"中文、西文、日文研究文献数据库"互为参究，就能协助任何课题，在一个整体学科层面上开展，减少重复，杜绝抄袭，推动研究，解决问题。能把握学科动态则为全也。《汉画总录》是与国家图像数据库相辅相成的一个长期文化工程，是依赖全体汉画学者努力方能成就的共同事业。一事功成，全体受益。如果《汉画总录》及其索引系统建成完整、细致、方便的资料系统，汉画学的推进，可望会有飞跃。对其他学科亦不无帮助。

汉画编目和《汉画总录》的编辑是烦琐而细致的工作。其平常在枯燥艰苦的境况中日以继夜。此事几无利益，少有名声，唯一可以告慰的是我们正用耐心的劳动，抹去时间的风尘，使中国文明之光的一段承载——汉画，进入现代学术的学理系统中，信息充溢，条理清楚，惠及学界。况且汉画虽是古代文化资料，毕竟养成和包蕴汉唐雄风；而将雄风之遗在当今呈现，是对中国文明的贡献，也是为人类不同文明之间更为深刻的互相理解和世界在现代化中的发展提示参照。

人生有一事如此可为，夫复何求？

编　者
2006 年 7 月 25 日

---

[2] 2005年文化部将中国汉代图像信息综合调查与数据库项目纳入"国家数据库专项"系统。

编辑体例

《汉画总录》包括编号、图片、图片说明、图像数据、文献目录、索引六部分内容。

1. 编号

为了研究和整理的需要，将现有传世汉画材料统一编号。编号工作归属于一个国家项目协调（《中国汉代图像信息综合调查与数据库》为国家艺术科学"十五"规划项目）。方法是以省、区编号（如陕西 SSX，山西 SX）加市、县，或地区编号（如米脂 MZ）再加序列号（三位），同一汉画组合中的部件在序列号之后加横杠，再加序列号（两位）。比如米脂党家沟左门柱，标示为 SSX-MZ-005-01（说明：陕西—米脂—党家沟画像石墓—左门柱）。编号最终只有技术性排序，即首先根据"地点"的拼音缩写的字母排列顺序，在同一地点的根据工作序列号的顺序排序。

地点是以出土地为第一选择，不在原地但仍然有确切信息断定其出土地的，归到出土地编号，并在图片说明中标示其收藏地和版权所有者。如果只能断定其出土地大区（省、区），则在小区（市、县、地区）部分用"××"表示。比如美国密西根大学博物馆藏的出自山东某地，标示为 SD-××-001。如果完全不能断定其出土地点，则以收藏地点缩写编号。

编号完成之后，索引、通检和引证将大为方便。论及某一个形象或画面，只要标注某编号，不仅简明统一，而且可以在《汉画总录》和与此相表里的国家图像数据库（文化部将中国汉代图像信息综合调查与数据库项目纳入"国家数据库专项"系统）中根据检索方法立即找到其照片、拓片、线图、相关图像和墓葬的全部信息，以及关于这个对象尽可能全面的全部研究成果，甚至将来还可以检索到古文献和出土文献的相关信息，以及同一类型图像或近似图像的公布、保存和研究情况。

2. 图片

记录汉代画像石、画像砖的图片采取拓片、照片和线图相比照的方式处理。[1]传统著录汉画的方式是拓片，拓片的特点是原尺寸拓印。同时，拓片制作时存在对图像的取舍和捶拓手工轻重粗精之别，而成为独立于原石的艺术品。拓片不能完整记录墓葬中画像砖石的相互衔接和位置关系，以及墓葬内的建筑信息，无法记录画像石上的墨线和色彩，对于非平面的、凸凹起伏的浮雕类画

---

[1] 由于在《汉画总录》的编辑方针中，将线描用于对图像的解释和补充，线描制作者的观点和认识会有助于读者理解，但也形成了一定的误导和局限，因此在无必要时，将逐步减少线描的数量，而把这个工作留待读者在研究时自行完成。

像砖石，也不能有效地记录其立体造型。不同拓片制作者以及每次制得的拓片都会有差异。使用拓片一个有意无意的后果是拓片代替原石成为研究的起点，影响了对画像石的感受和认知。拓片便利了研究的同时也限制了研究。只是有些画像砖石原件已失，仅存拓片，或者原石残损严重，记录画像砖石的拓片则为一种必要的方法。

照片对画像砖石的记录可以反映原件的质地和刻划方法、浮雕的凸凹起伏，能够记录砖石上的墨线和色彩，是高质量的图像记录中不可缺失的环节。线图可以着重、清晰地描绘物像的造型和轮廓，同时作为一种阐释的方法，可以展示、考察、记录研究者对图像的辨识和推证。采取线图、照片、拓片相结合的途径记录画像砖石，可相互取长补短，较为完备。

帛画、壁画和器物纹样一般采用照片和线图。

其他立体图像采用照片、三维计算机图形、平面图和各种推测性的复原图及局部线图。组合图与其他图表的使用，在多部组合关系明确的情况下，一般会给出组合图加以标明，用线描图呈现；在多部组合而关系不明确的情况下则或缺存疑。其他测绘图、剖面图、平面图以及相关列表等均根据需要，随着录列出，视为一种图解性质的"说明"。[2]

3. 图片说明

图片说明分为两个部分。其一是关于图片的基本信息，归入"4. 图像数据"中说明；其二是对于图像内容的描述。描述古代图像时，基于古今处在不同的观念体系中的这一个基本前提，采取不同方式判定图像。

3.1 尝试还原到当时的概念中给予解释[3]，在此方向下通常有两种途径。

3.1.1 检索古代文献中与图像对应的记载或描述，作出判定。但现存的问题，一是并非所有图像都能在文献中找到相应的记载或解释，即缺乏完备性；二是这种对应关系是人为赋予的，文献

---

[2] 根据编辑需要，在材料和技术允许的情况下，会给出部分组合关系图。由于编辑过程受到各种条件的限制，尽其努力也无法解决全卷缺少部分原石图、拓片、线图的情况，或者极个别原石尺寸不齐的情况，目前保持阙如，待今后在补遗卷中争取弥补。

[3] 任何方式中我们都不可能完全脱离今人的认识结构这一立足点，不可能清除解释过程中"我"的存在，难以避免以今人的观念结构去驾驭古代的概念。完全回到当时当地观念中去只是设想。解释策略决定了解释结果。在第一种方式中，我们的目的不是把自己置换到古人的处境中去体验，而是去认识古人所用概念及其间结构关系。

与图像并不存在必然的联系，且不同研究者可能做出不同的判断[4]；三是现存文献只是当时多种版本的一种，民间工匠制作画像石所依据的口述或文字版本未必与经过梳理的传世文献（多为正史、官方记录和知识分子的叙述）相符。

3.1.2 依据出土壁画上的题记、画像砖石上的榜题、器物上的铭文等出土文字材料，对相应图像做出判定，这种方式切近实况，能反映当时当地的用语，但是能找到对应题记的图像只占图像总体的一小部分。

3.2 在缺失文献的情况下，重构一种图像描述的方式——尽量类型化并具有明晰的公认性。如大量出现的独角兽，在尚不确定称其为"兕"还是"獬豸"时，便暂描述为独角兽，尽管现存汉代文献中可能无"独角兽"一词。同时，图像描述采取结构性方式，即先不做局部意义指定，而是在形状—形象—图画—幅面—建筑结构—地下地上关系—墓葬与生宅的关系—存世遗迹和佚失部分（黑箱）之间的关系等关系结构中，判定图像的性质或意义。尽管没有文字信息，图像在画面和墓葬中的位置和形相关系提供了考察其意义和功能的线索。

在实际图片说明中，上述两种方式往往并用。对图像的描述是在意识到这些问题的情况下展开的，部分指谓和用语延承了以往的研究，部分使用了新词，但都不代表对图像含义的最终判定，而只是一种描述。

4. 图像数据

图片的基本信息（诸如编号、尺寸、质地、时代、出土地、收藏单位等）实际上是图像数据库的一个简明提示。收入的汉画相关信息通过数据库的方式著录，其中包括画像石编号、拓片号、原石照片编号、原石尺寸[5]、画面尺寸、画面简述、时代、出土时间、征集时间、出土地[6]、收藏单位、原收藏号、原石状况（现状）、所属墓葬编号[7]、组合关系、著录与文献等项。文字、质地、色

---

[4] 关于此前题材判定和分类的方法和问题，参见盛磊《四川汉代画像题材类型问题研究》，硕士学位论文，北京大学，2002年。

[5] 原石尺寸的单位均为厘米，书中不再标识。

[6] 出土与征集的区分以是否经过科学发掘为界，凡经正式发掘（无论考古报告发表与否）均记为出土，凡非正式发掘（即使有明确出土地点和位置）均记为征集。

[7] 所属墓葬因发掘批次和年代各异，故记为发掘时间加当时墓葬编号，如1981M3表示党家沟1981年发掘的第3号墓葬。

彩、制作者、订件人、所在位置、相关器物、鉴定意见、发现人中有可著录者，均在备注项中列出。画像石墓表包括墓葬所在地、时代、墓葬所处地理环境、封土情况、发现和清理发掘时间、墓向、墓葬形制、随葬器物、棺椁尸骨、画像石装置，发现人、发掘主持人也在备注项中注出。建立数据库的目的和价值在于对数据库中的所有记录进行检索、比较、统计、分析，以期达到研究的完备性和规范性。[8]

5. 文献目录

文献目录列出一个区域（指对汉画集中地区的归纳，如陕北、南阳、徐州、四川等，多根据汉画研究的分区，而非严格的行政区划）有关汉画内容的古文献、研究论著和论文索引，并附内容提要。在每件汉画著录中列专项注出其相关研究文献。

6. 索引

按主题词和关键词建立索引项，待全部工作结束之后，做成总索引。因为《汉画总录》的分卷编辑虽然是按现在保管地区为单位齐头并进，但各种图像材料基本按出土地点各归其所，所以地名部分不出分卷索引，只在总索引中另行编排。

朱青生

北京大学历史学系艺术史教研室

北京大学汉画研究所

2006 年 7 月 31 日

---

[8] 对于存在大量样本和繁杂信息的研究对象，数据库的应用是有效的。在考古类型学中，传统的制表耗费时力，且不便记忆和阅读，细碎的分类常有割裂有机整体之弊。《汉画总录》的设想是：（1）无论已有公论还是存疑的图像，一律不沿用旧有的命名及在此基础上的分类，而按一致的规范和方法记录；（2）扩大图像信息的范畴，全面记录相关要素，包括出土状况（发掘/清理/收集）、发现人、出土时间、出土地点及其所属古代区划、画像材质、尺寸、所属墓葬形制、画像位置、随葬器物及其位置、画像保存状况、铭文、已有断代、画像资料出处、相关图片、相关研究、收藏地等。图像则记录单位图像的位置及其间的组合情况；（3）利用数据库，按不同线索和层次对图像信息进行查询、检索，根据统计结果作出判断。

目　录

前　言

　　目前全国画像石的分布区域，大致划定了四个大区，陕北为其一。按照今天的行政区划，陕北应包括延安、榆林两个地区。早在 20 世纪 20 年代发现郭季妃夫妇合葬墓画像石以来，榆林地区所辖的十二个县中，绥德、米脂、神木、榆阳区、靖边、横山、子洲、清涧、吴堡等地不断发现画像石，截至目前，数量已逾 1200 块。北部相邻的内蒙古地区壁画墓的发现和少量的画像石出土，说明画像石的流行地域已经北至内蒙古包头一带。[1] 东南部隔黄河相望的山西省晋西北离石地区大量和陕北画像石风格相一致的画像石的发现，均打破了今天关于"陕北"的行政区划。而南部与榆林毗连区划属于"陕北"的延安地区却至今未见有汉代画像石出土的报道。

　　汉代的上郡、西河、朔方等郡同属并州。上郡辖地极广，东部已过黄河，西部至梁山山脉，北部跨越圁水直至无定河流域，南部尽桥山包括了延安地区的部分地域。西河郡本魏地，战国末并入秦。大致范围在今内蒙古伊克昭盟、榆林市、晋西北地区。顺帝永和五年（公元 140 年）汉王朝迫于匈奴的军事威胁，将西河郡治所由内蒙古的平定迁至今山西省离石县。今陕北榆林地区和山西省吕梁地区、内蒙古中南部部分地区分别是上郡和西河郡的辖地，画像石就出在汉代上郡和西河郡的辖地范围内。因此，目前，不论从汉代郡县的格局和范围，还是从今天的行政区划来看，加上画像石出土情况的佐证，"陕北画像石"这一习惯性称谓显然不准确，以行政区分别称之"榆林地区画像石"、"晋西北画像石"、"伊克昭盟画像石"较为合适。

　　榆林地区画像石墓主要分布在盛产石板的汉代郡县设置地的周围，即今无定河流域的绥德、米脂、子洲、清涧、吴堡县，突尾河流域的神木县，位于长城沿线，又在无定河流域的榆阳区、横山、靖边三县均有发现。神木县大保当、乔岔滩、榆阳区麻黄梁、红石桥的画像石出土地，已跨越长城以外。画像石中狩猎题材的画面，头戴胡帽、身着异服、脚蹬筒靴的牵驼人，舞者，技击者形象，墓葬中以狗、羊、鹿杀殉的习俗，残留的随葬器物铜马具、带扣等，明显具有匈奴文化特征；肩部篆刻"羌"字的陶罐，明显反映了羌人的遗风。这些实物资料对于研究古代北方多民族聚居的大概情形弥足珍贵。

　　秦汉时期，上郡、西河郡均为边郡之地，屯兵必多，加上移民实边的人数增加，促进了这一带的农牧业、手工业和商业的大发展，随之产生了众多大地主、大牧主、经商富户，还有那些成边的将士，他们或者富甲一方，或者权势赫赫，在盛产石板的上郡、西河郡的辖地范围内，众多权势之流、富豪之辈，争相效仿，营造规格相对较高的画像石墓的群体逐渐形成，用画像石装饰

---

[1]　《包头发现汉代彩绘画像石墓》，载《美术观察》2008年第11期，34页。

墓室的葬俗便风行起来。绥德县黄家塔、四十里铺、延家岔，米脂县官庄，神木县大保当均有大的画像石墓葬群遗存。从铭刻文字的纪年石看，黄家塔、官庄同一墓地近距离内出土的多块铭刻王姓、牛姓的铭文，可证明是王氏、牛氏家族墓地。依据墓葬的排列形式、布局、墓室内的遗存，结合铭刻的文字内容，对于研究家族墓地形成的时代以及家族辈分之间的承袭关系都是不可多得的实物佐证。

汉代上郡、西河郡一带一定有些享誉一时的能工巧匠，绥德黄家塔辽东太守墓出土的画像石上铭刻的"巧工王子、王成"就是其中的代表。神木大保当、绥德郝家沟、榆阳区麻黄梁出土的画像石上，形制规格完全相同的长方形印记，是否就是当时某个活跃在从神木到绥德数百里地域内的知名匠师或石工作坊的标识，也是我们探索诸如区域性艺术和不同工匠的技术水平、传统特色的实物依据。

榆林地区画像石产生、盛行的时代背景（包括政治、经济、文化、观念和习俗），与其他地区画像石的源流关系、地域性差异，制作画像石的匠师、石工的组合及流派，使用格套模本的制作习惯、地域习惯和流行风气等因素所起的作用，同一题材的单元在画像石中的应用、同一题材的画像石在墓室设放的位置，特定区域不同时期的画像题材、技法和风格变化，等等，都是有待进一步追索的课题。

《汉画总录》1-10卷采用数据库方式著录目前所能收集到的画像石的原石照、拓片和线描图，编辑时不对所见材料做任何刻意诠释，而是作为对榆林地区画像石进行整体性观察和研究的较为全面的基础样本。

《汉画总录》编辑部

编　　号　　SSX-SD-121

时　　代　　东汉

原收藏号　　不详

出 土 地　　义合镇后思家沟快华华岭

原石尺寸　　173×37

画面尺寸　　不详

质　　地　　砂岩

原石情况　　正面平整。

所属墓群　　不详

组合关系　　不详

画面简述　　画面分为内、外两栏。外栏为卷云纹。内栏为灵禽瑞兽。
　　　　　　刻画翼龙、天马、翼龙、白虎、独角有翼犀牛形怪兽。画面朴白飞鸟、人面鸟、
　　　　　　流云。左、右两边为羽人持献瑞草。中间以瑞草为隔界，从左到右
　　　　　　刻画翼龙、天马、翼龙、白虎、独角有翼犀牛形怪兽。画面朴白飞鸟、人面鸟、
　　　　　　流云。

著录与文献　　陕西省博物馆，陕西省文物管理委员会合编《陕北东汉画像石刻选集》，北京：文物出版社，1959年，45页，图36；李林、
　　　　　　康兰英、赵力光：《陕北汉代画像石》，西安：陕西人民出版社，1995年，图440；曹世玉总编：《绥德文库——汉画画像石
　　　　　　卷》，北京：中国文史出版社，2004年，456页，图415。

出土/征集时间　　1951年征集

收藏地　　西安碑林博物馆

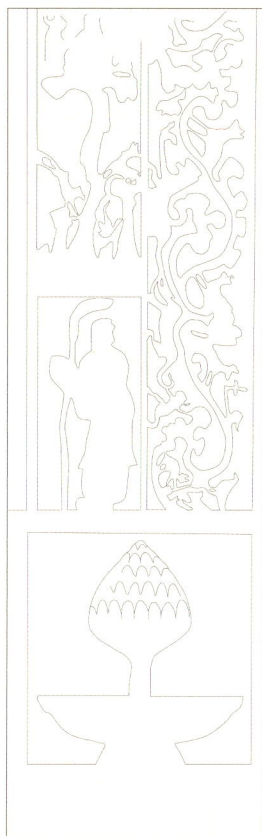

编号	SSX-SD-122
时代	东汉
原收藏号	不详
出土地	义合镇后思家沟快华岭
原石尺寸	107×32
画面尺寸	不详
质地	砂岩
原石情况	正面平整。
所属墓群	不详
组合关系	不详
画面简述	画面分为上、下两格。上格分为内、外两栏。外栏为卷云鸟兽纹，其间穿插金乌、玉兔捣药、羽人戏兽、羽人拽怪兽尾、怪兽衔虎尾、麒麟、鹿。内栏为西王母（东王公？）端坐于神树之上，树干间有狐、鹿、飞鸟、瑞草。下一门吏戴平巾帻，着长襦大袴，拥彗面门而立。下格为博山炉。炉盖阴线刻半椭圆形纹，显示飘香的镂孔。
著录与文献	李林、康兰英、赵力光：《陕北汉代画像石》，西安：陕西人民出版社，1995年，图538；曹世玉总编《绥德文库——汉画像石卷》，北京：中国文史出版社，2004年，475页，图434。
出土/征集时间	1951年征集
收藏地	西安碑林博物馆

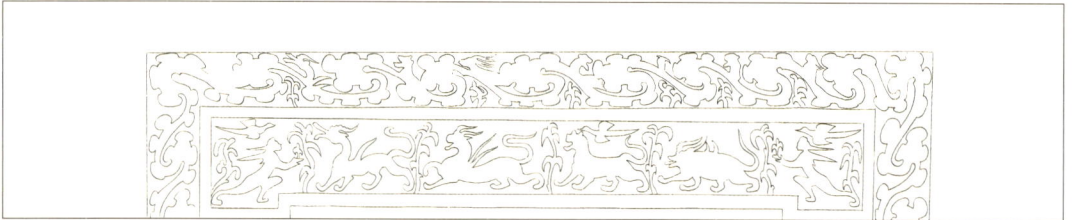

编号	SSX-SD-129
时代	东汉
原收藏号	2303-175
出土地	义合镇路沟
原石尺寸	188×39×7
画面尺寸	138×28
质地	砂岩
原石情况	正面、背面、右侧面平整；上侧面平整，凿斜纹；左侧面呈毛石状；下侧面的中部减地，宽 153 厘米，深 1.5 厘米。
所属墓群	不详
组合关系	不详
画面简述	画面分为内、外两栏。外栏为卷云纹，云中伸出龙首，卷云间补白瑞草。内栏画面以瑞草为间隔，左、右两边为羽人持献瑞草，中间有单角翼龙、双角翼龙、虎、独角有翼犀牛形怪兽。
著录与文献	李林、康兰英、赵力光：《陕北汉代画像石》，西安：陕西人民出版社，1995 年，图 472；绥德汉画像石展览馆编，李贵龙、王建勤主编：《绥德汉代画像石》，西安：陕西人民美术出版社，2001 年，130 页，图 70；曹世玉总编：《绥德文库——汉画像石卷》，北京：中国文史出版社，2004 年，358 页，图 332。
出土/征集时间	1975 年征集
收藏地	绥德县博物馆

SSX-SD-129（局部）

SSX-SD-129（局部）

编号	SSX-SD-130
时代	东汉
原收藏号	2304-176
出土地	义合镇路沟
原石尺寸	111×49×4
画面尺寸	90×30
质地	砂岩
原石情况	正面、背面平整；上侧面平整，凿斜纹与人字纹；下侧面平整，凿人字纹；左、右侧面呈毛石状。
所属墓群	不详
组合关系	不详
画面简述	朱雀、铺首、独角兽。画面补白了卷云、朱雀、人面鸟、虎。
著录与文献	李林、康兰英、赵力光：《陕北汉代画像石》，西安：陕西人民出版社，1995年，图603；绥德汉画像石展览馆编，李贵龙、王建勤主编：《绥德汉代画像石》，西安：陕西人民美术出版社，2001年，106页，图57；曹世玉总编：《绥德文库——汉画像石卷》，北京：中国文史出版社，2004年，492/178页，图456/127。
出土/征集时间	1975年征集
收藏地	绥德县博物馆

编号	SSX-SD-131
时代	东汉
原收藏号	2307-179
出土地	义合镇路沟
原石尺寸	120×38×10
画面尺寸	119×30
质地	砂岩
原石情况	原石断为两截。左、右段均有残佚。正面、背面平整；上、下侧面平整，凿人字纹；左、右侧面为断面。
所属墓群	不详
组合关系	不详
画面简述	画面分为上、下两栏。上栏为卷云纹，穿插瑞草。下栏为车马行进图。图中两辆屏车，一辆轺车行进，一骑吏荷棨载随行。
著录与文献	李林、康兰英、赵力光：《陕北汉代画像石》，西安：陕西人民出版社，1995年，图473；曹世玉总编：《绥德文库·画像石卷》，北京：中国文史出版社，2004年，321页，图288。
出土/征集时间	1985年征集
收藏地	绥德县博物馆

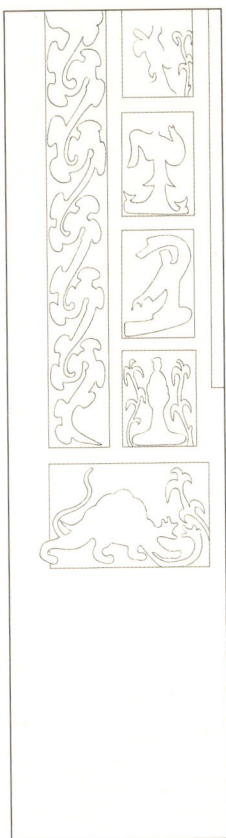

编号	SSX-SD-132
时代	东汉
原收藏号	2306-178
出土地	义合镇路沟
原石尺寸	130×36×10
画面尺寸	88×24
质地	砂岩
原石情况	正面、背面平整，凿较随意的斜纹；上侧面平整；下、左、右侧面平整，凿人字纹。
所属墓群	不详
组合关系	不详
画面简述	画面分为上、下两格。上格分为内、外两栏。外栏为卷云纹。内栏自上而下分为四格。第一格：人首人身蛇尾神执规立于瑞草旁。第二格：一舞伎着袿衣挥袖而舞。第三格：一舞伎着拖地长裙，挥袖起舞。第四格：一妇人着拖地长裙，拥袖立于两株瑞草之间。下格为玄武。
著录与文献	李林、康兰英、赵力光：《陕北汉代画像石》，西安：陕西人民出版社，1995年，图524；绥德汉画像石展览馆编，李贵龙、王建勤主编：《绥德汉代画像石》，西安：陕西人民美术出版社，2001年，161页，图92；曹世玉总编：《绥德文库——汉画像石卷》，北京：中国文史出版社，2004年，401/499页，图367/466。
出土/征集时间	1975年征集
收藏地	绥德县博物馆

编号	SSX-SD-133
时代	东汉
原收藏号	2365-237
出土地	义合镇路沟
原石尺寸	104×46×4
画面尺寸	88×31
质地	砂岩
原石情况	正面、背面、上侧面、下侧面平整；左侧面平整，凿斜纹；右侧面呈毛石状。
所属墓群	不详
组合关系	不详
画面简述	朱雀、铺首、怪兽图。
著录与文献	绥德汉画像石展览馆编，李贵龙、王建勤主编：《绥德汉代画像石》，西安：陕西人民美术出版社，2001年，106页，图57；曹世玉总编：《绥德文库——汉画像石卷》，北京：中国文史出版社，2004年，178页，图126。
出土/征集时间	1986年征集
收藏地	绥德县博物馆

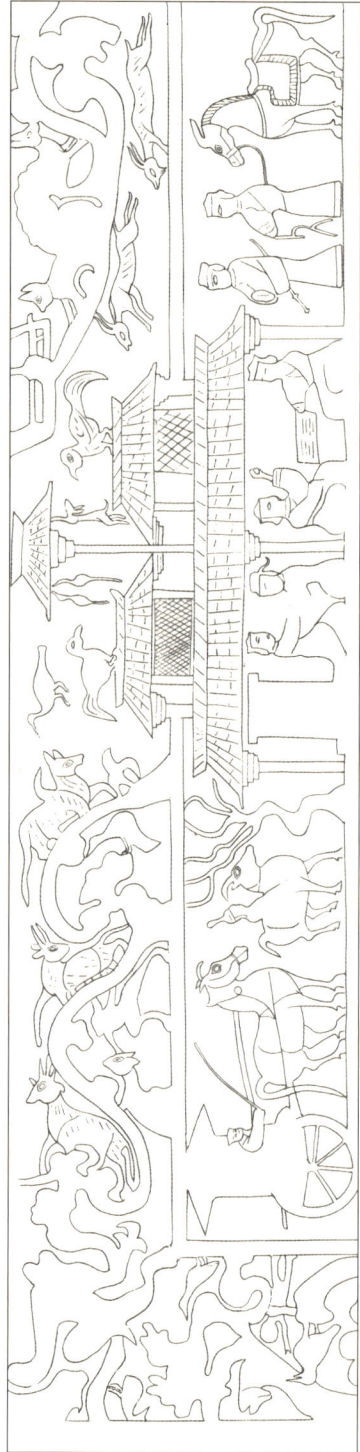

编号	SSX-SD-135
时代	东汉
原收藏号	不详
出土地	义合镇园子沟
原石尺寸	139×40
画面尺寸	不详
质地	砂岩
原石情况	原石右段残佚，正面平整。
所属墓群	不详
组合关系	不详
画面简述	画面中间一座二层阁楼，一层大厅内竖立三根有斗栱的柱，中柱左可见阴刻的屋门。一戴帻着袍的男子与一头梳垂髻的女子相对就坐，伸出双臂与对臂与对坐子对方游戏（？）。中柱右两人均戴冠着袍。两间庑顶式房屋毗连，屋顶各有一鸡，相对站立。两屋之间树一带斗栱有顶棚的高柱，顶棚下悬吊鸟，对坐子棋盘前博弈。右皆为楼左，阁楼左。卷云鸟兽纹，其间穿插麒麟、鹿、山羊、黄羊、羽人、朱鸟等。外栏为兔。内栏楼左为一株树下有一号车旁及一辐车骑立；楼右一人戴帻着袍，腰挂长剑，袖手面楼而立。身后一马大带帻着袍，牵马站立。马尾处一人戴帻巾背马而立。
著录与文献	陕西省博物馆、陕西省文物管理委员会合编：《陕北东汉画像石刻选集》，北京：文物出版社，1959年，77页，图71；李林、康兰英、赵力光：《陕北汉代画像石》，西安：陕西人民出版社，1995年，图451；绥德汉画像石展览馆编，《绥德汉画像石选集》，西安：陕西人民美术出版社，2001年，136页，图73；李贵龙、王建勤主编：《绥德汉代画像石》，西安：陕西人民美术出版社，2004年，372页，图346。曹世玉总编：《绥德文库·汉画像石卷》，北京：中国文史出版社
出土/征集时间	1956年征集
收藏地	西安碑林博物馆

编号	SSX-SD-138-01
时代	东汉
原收藏号	2330-202
出土地	义合镇
原石尺寸	123×15×8
画面尺寸	89×7
质地	砂岩
原石情况	原石左段残佚。正面、背面、上侧面、右侧面平整；下侧面呈毛石状；左侧面平整，凿斜纹。
所属墓群	不详
组合关系	左门柱，与右门柱为二石组合。
画面简述	原石大部分残失，现仅见阳刻的栏框和部分立人形象。
著录与文献	未发表
出土/征集时间	1984年征集
收藏地	绥德县博物馆

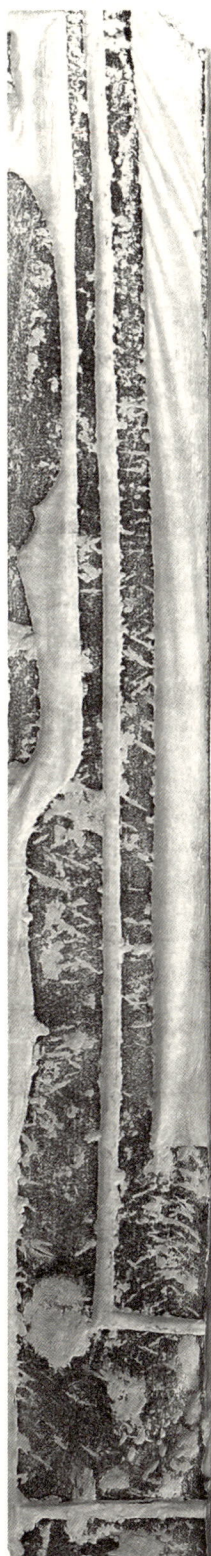

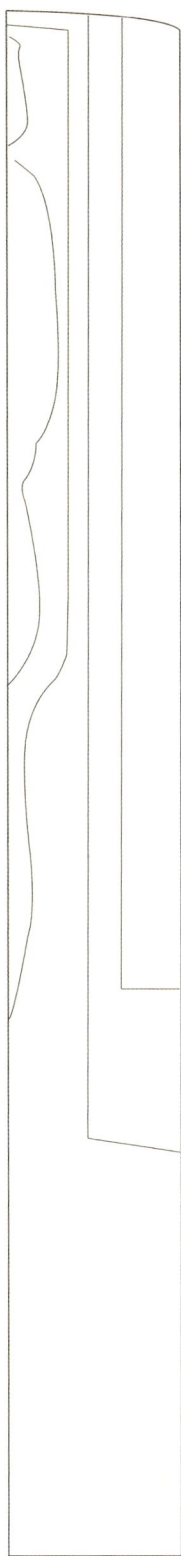

编号	SSX-SD-138-02
时代	东汉
原收藏号	2331-203
出土地	义合镇
原石尺寸	123×18×6
画面尺寸	102×18
质地	砂岩
原石情况	原石右段残佚。正面、背面平整；上侧面平整，凿斜纹；下侧面呈毛石状；左侧面光滑，右侧面为残断面。
所属墓群	不详
组合关系	右门柱，与左门柱为二石组合。
画面简述	仅见阳刻的栏框和部分立人形象。
著录与文献	未发表
出土/征集时间	1984 年征集
收藏地	绥德县博物馆

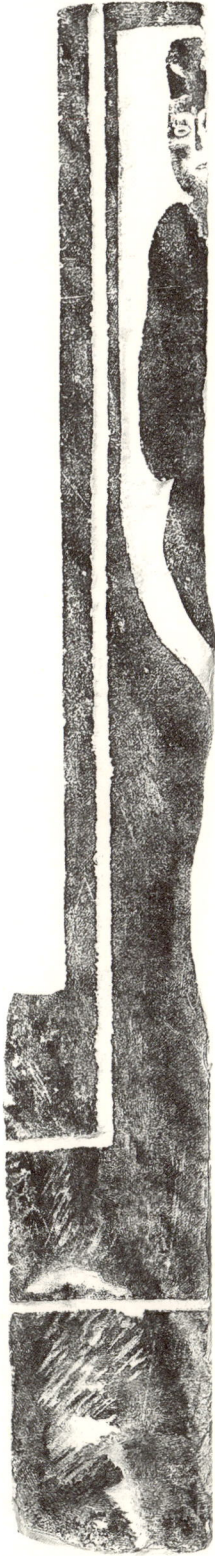

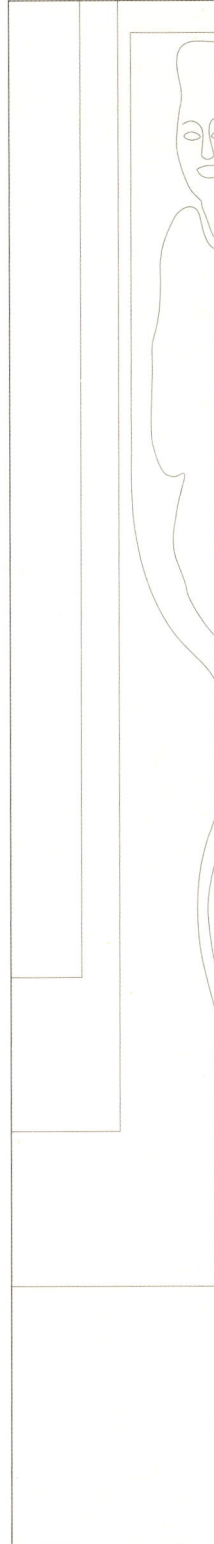

编　　　号　SSX-SD-139

时　　　代　东汉

原 收 藏 号　2323-195

出 土 地　义合镇

原 石 尺 寸　168×42

画 面 尺 寸　164×40

质　　　地　砂岩

原 石 情 况　正面、上侧面、下侧面、右侧面平整，左侧面呈毛石状。

所 属 墓 群　不详

组 合 关 系　不详

画面简述　画面横向分为左、中、右三格。左、右两格分别刻画朱鹭衔鱼。中格为直线、网格纹、∽形纹等组合的对称几何图案，其间对称穿插了尖瓣形纹饰并朱绘。

著录与文献　绥德汉画像石展览馆编，李贵龙、王建勤主编：《绥德汉代画像石》，西安：陕西人民美术出版社，2001年，136页，图73；曹世玉总编：《绥德文库——汉画像石卷》，北京：中国文史出版社，2004年，372页，图345。

出土/征集时间　1984年征集

收 藏 地　绥德县博物馆

编号	SSX-SD-140
时代	东汉
原收藏号	2328-200
出土地	义合镇
原石尺寸	77×17×6
画面尺寸	77×10
质地	砂岩
原石情况	正面、背面平整，上、左侧面呈毛石状，下、右侧面平整。
所属墓群	不详
组合关系	不详
画面简述	阴刻S形纹连续图案。
著录与文献	未发表
出土/征集时间	1984年征集
收藏地	绥德县博物馆

编号	SSX-SD-141
时代	东汉
原收藏号	2325-197
出土地	义合镇
原石尺寸	92×15×7
画面尺寸	84×10
质地	砂岩
原石情况	正面、背面、下侧面、右侧面均平整；上侧面凿斜纹；左面平整，凿斜纹。
所属墓群	不详
组合关系	不详
画面简述	半菱形、网格纹组成的几何图案。
著录与文献	未发表
出土/征集时间	1984 年征集
收藏地	绥德县博物馆

编号	SSX-SD-142
时代	东汉
原收藏号	2327-199
出土地	义合镇
原石尺寸	102×14×8
画面尺寸	102×6
质地	砂岩
原石情况	正面、背面、上侧面、右侧面均平整；下侧面呈毛石状；左侧面平整，凿斜纹。
所属墓群	不详
组合关系	不详
画面简述	阴刻 S 形纹。
著录与文献	未发表
出土/征集时间	1984 年征集
收藏地	绥德县博物馆

编号	SSX-SD-143
时代	东汉
原收藏号	2329-201
出土地	义合镇
原石尺寸	81×19×7
画面尺寸	81×11
质地	砂岩
原石情况	正面、背面、上侧面、左侧面均平整，下、右侧面均为残断面。
所属墓群	不详
组合关系	不详
画面简述	原石残失大半，仅见半尊人形图案。
著录与文献	未发表
出土/征集时间	1984年征集
收藏地	绥德县博物馆

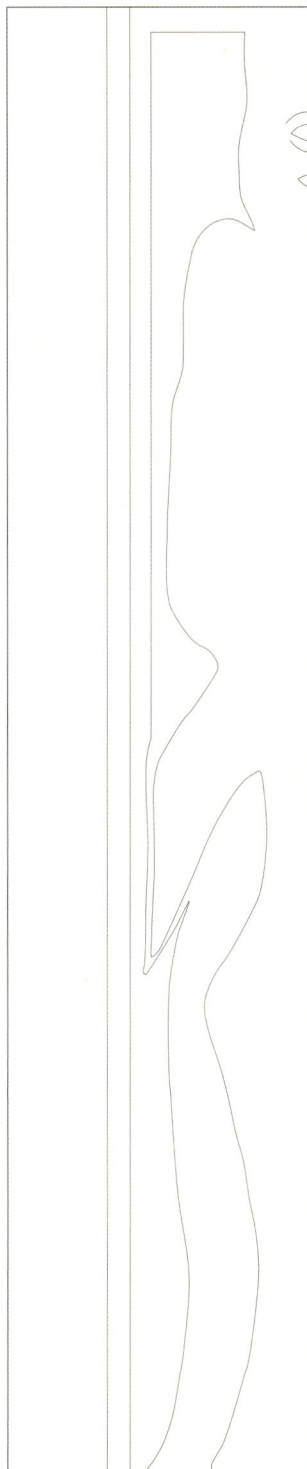

编号	SSX-SD-144
时代	东汉
原收藏号	2324-196
出土地	义合镇
原石尺寸	168×17×6
画面尺寸	163×14
质地	砂岩
原石情况	原石下段残佚。正面、背面平整；上侧面靠正面半边为斜纹，靠背面处呈毛石状；右侧面呈毛石状；左侧面平整，凿斜纹；下侧面为断面。
所属墓群	不详
组合关系	不详
画面简述	画面左、右两端阴线刻圆形，是为日、月。中间三个柿蒂纹图案和两个长方形网格图案间隔排列。
著录与文献	绥德汉画像石展览馆编，李贵龙、王建勤主编：《绥德汉代画像石》，西安：陕西人民美术出版社，2001年，134页，图72；曹世玉总编：《绥德文库——汉画像石卷》，北京：中国文史出版社，2004年，322页，图290。
出土/征集时间	1984年征集
收藏地	绥德县博物馆

编号	SSX-SD-145
时代	东汉
原收藏号	2326-198
出土地	义合镇
原石尺寸	82×20×7
画面尺寸	74×14
质地	砂岩
原石情况	原石上部和左段残佚。正面、背面平整，上、左侧面为残断面，下、右侧面呈毛石状。
所属墓群	不详
组合关系	不详
画面简述	画面分三格。分别为半菱形纹、网格纹和一动物卷尾蹲于地。
著录与文献	未发表
出土/征集时间	1984 年征集
收藏地	绥德县博物馆

编号	SSX-SD-146-01
时代	东汉
原收藏号	2255-127
出土地	张家砭乡黄家塔
原石尺寸	180×38
画面尺寸	155×32
质地	砂岩
原石情况	正面、上侧面平整；下侧面平整，凿斜纹；左、右侧面呈毛石状。
所属墓群	黄家塔 M1
组合关系	门楣石，与左、右门柱，左、右门扉为墓门面五石组合。
画面简述	画面分为内、外两栏。外栏为卷云鸟兽纹，其间穿插兔、鹿、飞鸟等。内栏左边为狩猎图。一兔耳兽首鸟身怪物站立，两猎手张弓射猎奔逃的野兽，两猎物都已中箭。右边为一辆轺车、一辆屏车在行进。轺车的驭手一手拉缰绳，一手执马鞭。车主戴冠着袍，坐于车中。屏车仅见驭手一手拉缰绳，一手执马鞭。两辆车前后均有戴冠着袍、手捧简牍的骑吏随行。右端一人戴进贤冠，身着长袍，双手捧简牍作迎迓状。
著录与文献	李林、康兰英、赵力光：《陕北汉代画像石》，西安：陕西人民出版社，1995 年，图355；曹世玉总编：《绥德文库——汉画像石卷》，北京：中国文史出版社，2004 年，244 页，图201。
出土/征集时间	1983 年出土
收藏地	绥德县博物馆

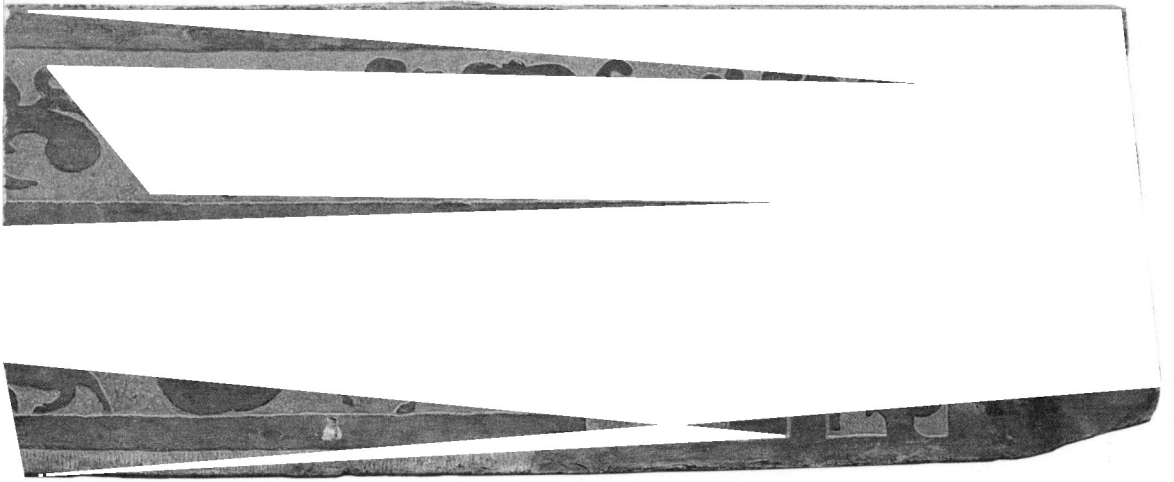

编号	SSX-SD-146-02
时代	东汉
原收藏号	2256-128
出土地	张家砭乡黄家塔
原石尺寸	119×34
画面尺寸	84×27
质地	砂岩
原石情况	正面、背面、上侧面平整；下侧面呈毛石状；左、右侧面平整，凿斜纹。
所属墓群	黄家塔 M1
组合关系	左门柱，与门楣石，右门柱，左、右门扉为墓门面五石组合。
画面简述	画面分为内、外两栏。外栏为卷云禽兽纹，其间有玄武、狐、兔等。内栏上格为西王母头戴胜仗，顶罩华盖，端坐于神树之上，左、右有仙人侍奉，两仙人举手扶托华盖上垂吊的流苏饰物，树干间一羽人作腾飞状。下格一长须老者戴进贤冠，身着长袍，腰佩长剑，捧简牍面门站立。
著录与文献	李林、康兰英、赵力光：《陕北汉代画像石》，西安：陕西人民出版社，1995 年，图 356；绥德汉画像石展览馆编，李贵龙、王建勤主编：《绥德汉代画像石》，西安：陕西人民美术出版社，2001 年，176 页，图 107；曹世玉总编：《绥德文库——汉画像石卷》，北京：中国文史出版社，2004 年，361 页，图 336。
出土/征集时间	1983 年出土
收藏地	绥德县博物馆

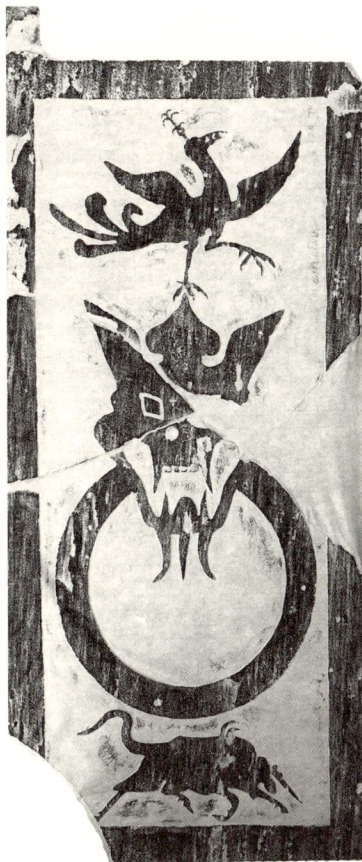

编号	SSX-SD-146-04
时代	东汉
原收藏号	2259-131
出土地	张家砭乡黄家塔
原石尺寸	112×50×3
画面尺寸	94×40
质地	砂岩
原石情况	原石断为两截，中段、左下角残损。正面、背面平整；上、下侧面平整，凿人字纹；左、右侧面平整，凿人字纹。
所属墓群	黄家塔 M1
组合关系	左门扉，与门楣石、左、右门柱，右门扉为墓门面五石组合。
画面简述	朱雀、铺首、独角兽。铺首的眼睛阴线刻成菱形。
著录与文献	李林、康兰英、赵力光：《陕北汉代画像石》，西安：陕西人民出版社，1995年，图357；绥德汉画像石展览馆编，李贵龙、王建勤主编：《绥德汉代画像石》，西安：陕西人民美术出版社，2001年，101页，图47；曹世玉总编：《绥德文库——汉画像石卷》，北京：中国文史出版社，2004年，249页，图205。
出土/征集时间	1983年出土
收藏地	绥德县博物馆

编号	SSX-SD-146-05
时代	东汉
原收藏号	2260-132
出土地	张家砭乡黄家塔
原石尺寸	114×50×3
画面尺寸	93×40
质地	砂岩
原石情况	原石断为两截，上段右边框处残损。正面、背面平整；上侧面凿人字纹；下侧面平整，凿人字纹；左、右侧面均平整，凿人字纹。
所属墓群	黄家塔 M1
组合关系	右门扉，与门楣石，左、右门柱，左门扉为墓门面五石组合。
画面简述	朱雀、铺首、独角兽。铺首的眼睛阴线刻成菱形。
著录与文献	李林、康兰英、赵力光：《陕北汉代画像石》，西安：陕西人民出版社，1995 年，图 358；绥德汉画像石展览馆编，李贵龙、王建勤主编：《绥德汉代画像石》，西安：陕西人民美术出版社，2001 年，101 页，图 47；曹世玉总编：《绥德文库——汉画像石卷》，北京：中国文史出版社，2004 年，249 页，图 206。
出土/征集时间	1983 年出土
收藏地	绥德县博物馆

编号	SSX-SD-146-06
时代	东汉
原收藏号	2369-241
出土地	张家砭乡黄家塔
原石尺寸	100×34×11
画面尺寸	
质地	砂岩
原石情况	正面、背面平整，上、下、左、右侧面均平整。
所属墓群	黄家塔 M1
组合关系	不详
画面简述	上有墨书"汉羽林……室宅"等字样。
著录与文献	待考
出土/征集时间	1983 年出土
收藏地	绥德县博物馆

编号	SSX-SD-147-01
时代	东汉
原收藏号	2262-134
出土地	张家砭乡黄家塔
原石尺寸	139×38
画面尺寸	113×37
质地	砂岩
原石情况	原石右段残佚。正面平整。上侧面呈毛石状；下侧面平整，凿斜纹；右侧面为断面。
所属墓群	黄家塔 M2
组合关系	门楣石，与左、右门柱，左、右门扉为墓门面五石组合。
画面简述	画面分为内、外两栏。外栏为忍冬纹，左上角阳刻一圆形，是为日（月）轮。内栏分为上、下两栏。上栏为羽人捧瑞草、麒麟、翼龙、独角有翼犀牛形怪兽。下栏为车骑行进图，画面中两辆辎车行进，三名骑吏导从。
著录与文献	李林、康兰英、赵力光：《陕北汉代画像石》，西安：陕西人民出版社，1995年，图360；绥德汉画像石展览馆编，李贵龙、王建勤主编：《绥德汉代画像石》，西安：陕西人民美术出版社，2001年，144页，图77；曹世玉总编：《绥德文库——汉画像石卷》，北京：中国文史出版社，2004年，144页，图87。
出土/征集时间	1983年出土
收藏地	绥德县博物馆

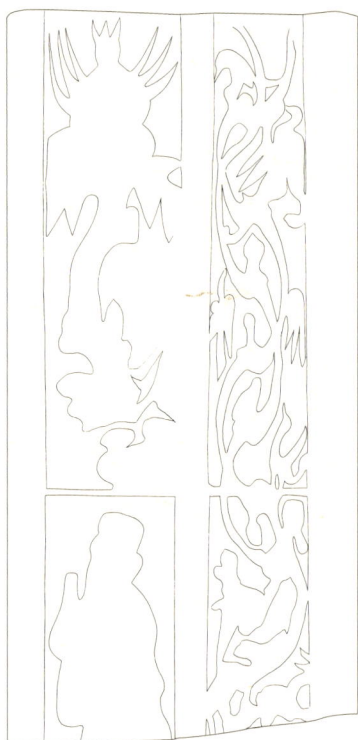

编号	SSX-SD-147-03
时代	东汉
原收藏号	2263-135
出土地	张家砭乡黄家塔
原石尺寸	72×36×6
画面尺寸	72×27
质地	砂岩
原石情况	原石下段残佚。正面、背面平整；上侧面平整，凿斜纹；下侧面为断面，左、右侧面呈毛石状。
所属墓群	黄家塔 M2
组合关系	右门柱，与门楣石，左门柱，左、右门扉为墓门面五石组合。
画面简述	画面分为内、外两栏。外栏为卷云鸟兽纹。内栏上格为一臂背生翼、头戴王冠神，端坐于神树之上。下为一门吏戴冠着袍，双手捧简牍面门而立。
著录与文献	李林、康兰英、赵力光：《陕北汉代画像石》，西安：陕西人民出版社，1995 年，图 362；曹世玉总编：《绥德文库——汉画像石卷》，北京：中国文史出版社，2004 年，501 页，图 470。
出土/征集时间	1983 年出土
收藏地	绥德县博物馆

编号	SSX-SD-148-01
时代	东汉
原收藏号	2361-233
出土地	张家砭乡黄家塔
原石尺寸	125×54×14
画面尺寸	116×41
质地	砂岩
原石情况	正面、背面、上侧面平整；下、左侧面呈毛石状；右侧面平整，凿人字纹。
所属墓群	黄家塔 M3
组合关系	左门柱，与右门柱为二石组合。
画面简述	画面分为内、外两栏。外栏为卷云纹。内栏为西王母头梳圆髻、着袍袖手坐于仙山神树之上，两仙人恭侍于左右，顶罩卷云状华盖。树干间左有两人并排站立作揖拜状，右两人席地而坐，似在对语。突兀的山峰上、树冠上都有朱鸟站立。
著录与文献	李林、康兰英、赵力光：《陕北汉代画像石》，西安：陕西人民出版社，1995 年，图 363；绥德汉画像石展览馆编，李贵龙、王建勤主编：《绥德汉代画像石》，西安：陕西人民美术出版社，2001 年，149 页，图 80；曹世玉总编：《绥德文库——汉画像石卷》，北京：中国文史出版社，2004 年，155 页，图 100。
出土/征集时间	1983 年出土
收藏地	绥德县博物馆

编号	SSX-SD-148-02
时代	东汉
原收藏号	2362-234
出土地	张家砭乡黄家塔
原石尺寸	136×53×14
画面尺寸	108×40
质地	砂岩
原石情况	正面、背面、上侧面平整；下侧面、右侧面呈毛石状；左侧面平整，凿人字纹。
所属墓群	黄家塔 M3
组合关系	右门柱，与左门柱为二石组合。
画面简述	画面分为内、外两栏。外栏为卷云纹。内栏为东王公戴冠着袍，胡须飘拂，侧身坐于仙山神树之上，面前有仙人跪侍，顶罩卷云状华盖。树干间左有两人席地而坐，拱手揖拜，居左者头梳圆髻，插发簪，显为女性，居右者头戴王冠，是为男性。
著录与文献	李林、康兰英、赵力光：《陕北汉代画像石》，西安：陕西人民出版社，1995年，图364；绥德汉画像石展览馆编，李贵龙、王建勤主编：《绥德汉代画像石》，西安：陕西人民美术出版社，2001年，149页，图80；曹世玉总编：《绥德文库——汉画像石卷》，北京：中国文史出版社，2004年，155页，图101。
出土/征集时间	1983年出土
收藏地	绥德县博物馆

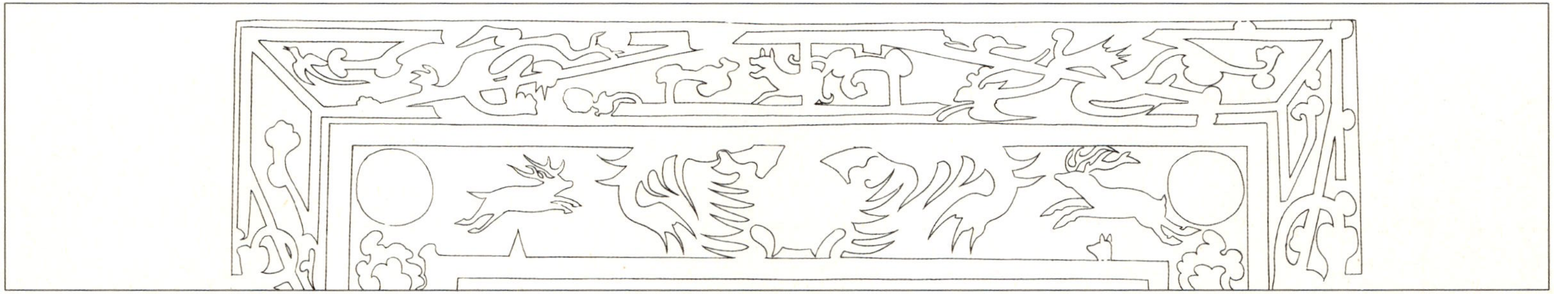

编号	SSX-SD-149-01
时代	东汉
原收藏号	2314-186
出土地	张家砭乡黄家塔
原石尺寸	205 × 40
画面尺寸	149 × 37
质地	砂岩
原石情况	正面、上侧面平整；下侧面平整，凿斜纹；左、右侧面呈毛石状。
所属墓群	黄家塔 M4
组合关系	不详
画面简述	画面分为内、外两栏。外栏为直条纹与卷云鸟兽纹交织，卷云间有朱鸟、虎等。内栏左、右两上端阳刻一圆形，是为日、月。画面正中为一两前爪拱围的龙首（？），左、右各有两鹿朝着龙首作奔跑状。
著录与文献	绥德汉画像石展览馆编，李贵龙、王建勤主编：《绥德汉代画像石》，西安：陕西人民美术出版社，2001 年，126 页，图 68；曹世玉总编：《绥德文库——汉画像石卷》，北京：中国文史出版社，2004 年，264 页，图 222。
出土/征集时间	1983 年出土
收藏地	绥德县博物馆

编号	SSX-SD-149-02
时代	东汉
原收藏号	2435-307
出土地	张家砭乡黄家塔
原石尺寸	110×40×7
画面尺寸	97×26
质地	砂岩
原石情况	正面、背面、上侧面、下侧面平整；左侧面有粗糙的凿痕；右侧面平整，凿斜纹。
所属墓群	黄家塔 M4
组合关系	不详
画面简述	画面分为内、外两栏。外栏为卷云鸟兽纹，卷云间穿插鸟、鹿形有翼兽、虎、长颈鸟、蟾蜍。内栏西王母头戴胜仗，臂背生翼，端坐于神树之上。树干间有青龙、瑞草、鹿、兔、怪兽。下为一吏戴冠，着长襦大袴，捧简牍面门而立。
著录与文献	绥德汉画像石展览馆编，李贵龙、王建勤主编：《绥德汉代画像石》，西安：陕西人民美术出版社，2001年，176页，图107；曹世玉总编《绥德文库——汉画像石卷》，北京：中国文史出版社，2004年，361页，图335。
出土/征集时间	1983年出土
收藏地	绥德县博物馆

编号	SSX-SD-149-03
时代	东汉
原收藏号	2336-208
出土地	张家砭乡黄家塔
原石尺寸	(中间段长 193)×38×9
画面尺寸	(中间段长 193)×35
质地	砂岩
原石情况	正面、背面平整；上、下侧面平整，凿斜纹；左、右侧面呈毛石状。
所属墓群	黄家塔 M4
组合关系	不详
画面简述	画面正中阳刻的正方形面上，篆体阴刻"使者持节护乌桓校尉王君威府舍"。题刻左右两边分为内、外两栏。外栏为卷云纹，云头幻化出多个瑞兽图样，穿插鱼、鸟等。内栏为狩猎图，左边两猎手追射奔逃的鹿、兔、羊，一骑吏扭头朝后观望，右边一猎手戴冠着袍，手执鞭状物向后甩出，似在使用毕行猎，身后两鹿奔逃。
著录与文献	李林、康兰英、赵力光：《陕北汉代画像石》，西安：陕西人民出版社，1995 年，图 366；汤池：《中国画像石全集 5：陕西、山西汉画像石》，济南：山东美术出版社，2000 年，图 186；绥德汉画像石展览馆编，李贵龙、王建勤主编：《绥德汉代画像石》，西安：陕西人民美术出版社，2001 年，126 页，图 68；曹世玉总编：《绥德文库——汉画像石卷》，北京：中国文史出版社，2004 年，264 页，图 221。
出土/征集时间	1983 年出土
收藏地	绥德县博物馆

编号	SSX-SD-149-04
时代	东汉
原收藏号	2433-305
出土地	张家砭乡黄家塔
原石尺寸	104×36×9
画面尺寸	104×32
质地	砂岩
原石情况	正面、背面平整；上侧面平整，有直纹和平口铲纹及铁石矿锈迹；下侧面平整，有凿痕；左侧面平整，凿人字纹；右侧面平整，有平口铲纹。
所属墓群	黄家塔 M4
组合关系	左门柱，与右门柱为二石组合。
画面简述	画面分为内、外两栏。外栏卷云鸟兽纹，卷云间穿插朱鸟、野猪、羽人、山羊、狐。内栏上格一羽人向右站立，双手端一圆盘，盘内盛博山炉状物（残），右下角玉兔跪于地上，扶钵持锤捣药。中格一鸟站立于山峰顶上。下格为翼虎和全身披毛的怪兽。
著录与文献	绥德汉画像石展览馆编，李贵龙、王建勤主编：《绥德汉代画像石》，西安：陕西人民美术出版社，2001 年，172 页，图 103；曹世玉总编：《绥德文库——汉画像石卷》，北京：中国文史出版社，2004 年，278 页，图 236。
出土/征集时间	1983 年出土
收藏地	绥德县博物馆

编号	SSX-SD-149-05
时代	东汉
原收藏号	2434-306
出土地	张家砭乡黄家塔
原石尺寸	105×37×11
画面尺寸	102×32
质地	砂岩
原石情况	正面、背面平整；上侧面平整，有凿痕；下侧面平整，凿斜纹；左侧面平整；右侧面靠正面处凿斜纹，靠背面处呈毛石状。
所属墓群	黄家塔 M4
组合关系	右门柱，与左门柱为二石组合。
画面简述	画面分为内、外两栏。外栏卷云鸟兽纹，卷云间穿插朱鸟、狐、枭。内栏上格一羽人手执瑞草，向左站立，左下角玉兔跪于地上，扶钵持锤捣药。中格一鸟站立于山峰顶上。下格为翼龙和全身披毛的怪兽。
著录与文献	李林、康兰英、赵力光：《陕北汉代画像石》，西安：陕西人民出版社，1995 年，图 525；绥德汉画像石展览馆编，李贵龙、王建勤主编：《绥德汉代画像石》，西安：陕西人民美术出版社，2001 年，172 页，图 103；曹世玉总编：《绥德文库——汉画像石卷》，北京：中国文史出版社，2004 年，278 页，图 237。
出土/征集时间	1983 年出土
收藏地	绥德县博物馆

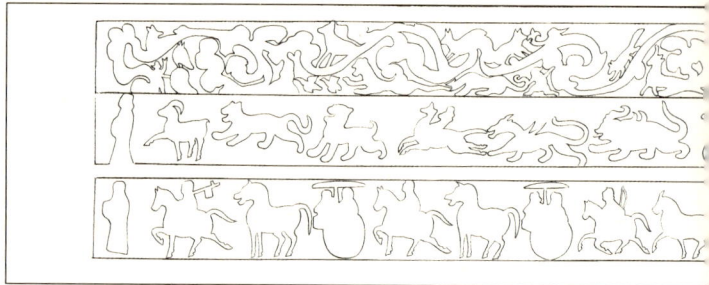

张家砭乡黄家塔 M6 墓门面五石组合
SSX-SD-150-01—SSX-SD-150-05

编号	SSX-SD-150-01
时代	东汉永元十六年（公元104年）十二月一日
原收藏号	2441-313
出土地	张家砭乡黄家塔
原石尺寸	273×48×8
画面尺寸	245×41
质地	砂岩
原石情况	正面、背面平整；下侧面平整，凿斜纹；上、左、右侧面呈毛石状。
所属墓群	黄家塔（王圣序墓）
组合关系	横楣石，与左、右门柱，中柱石为墓室前室后壁四石组合。
画面简述	画面分为上、中、下三栏。上栏上部为卷云鸟兽纹，卷云间穿插鹿、仙人一手上举、人面鸟、飞鸟、鹿、羽人拽怪兽尾、怪兽衔虎尾、长发仙人饲鹿、狐、麒麟。中栏左边为瑞兽图，有盘角羊、虎、狮子（？）双头鹿、翼龙、独角有翼犀牛形怪兽、麒麟。右边为狩猎图，两猎手围猎惊恐奔逃的鹿、狐、兔、羊。一虎张口呆立。猎手身后两翼龙作奔走状。左右两端各有一位戴帻着袍小吏袖手恭立。下栏为车骑行进图。画面中有四辆轺车、两辆辎车，在三名荷棨戟骑吏、一名背棍状物骑吏、两名徒手骑吏的导从下行进。左右两端各有一位戴冠着袍小吏袖手恭立。
著录与文献	李林、康兰英、赵力光：《陕北汉代画像石》，西安：陕西人民出版社，1995年，图369；绥德汉画像石展览馆编、李贵龙、王建勤主编：《绥德汉代画像石》，西安：陕西人民美术出版社，2001年，30页，图11。
出土/征集时间	1984年出土
收藏地	绥德县博物馆

309

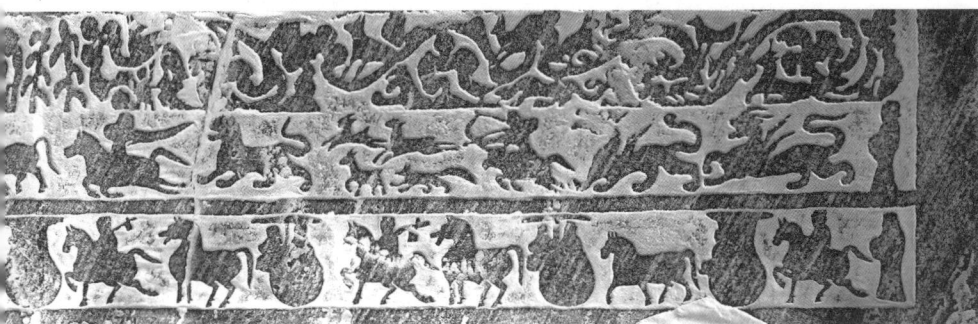

SSX-SD-150-01（局部）

编号	SSX-SD-150-02
时代	东汉永元十六年（公元 104 年）十二月一日
原收藏号	2437-309
出土地	张家砭乡黄家塔
原石尺寸	127×42×8
画面尺寸	86×28
质地	砂岩
原石情况	正面、背面平整；上侧面平整，凿斜纹；下侧面、左侧面呈毛石状；右侧面平整，凿人字纹。
所属墓群	黄家塔 M6（王圣序墓）
组合关系	左门柱，与门楣石，右门柱，左、右门扉为墓门面五石组合
画面简述	画面分为上、下两格。上格分为内、外两栏。外栏为卷云鸟兽纹，与门楣石外栏卷云鸟兽纹衔接。卷云中穿插熊、羽人戏兽、有三只角的鹿形兽、有翼鹿形兽。内栏上为西王母（东王公？）端坐于神树之上，左右有羽人、玉兔跪侍。树干间有狐、鹿、飞鸟、瑞草。下为门吏戴平巾帻，着长襦大袴，拥彗面门而立。下格为玄武。
著录与文献	绥德汉画像石展览馆编，李贵龙、王建勤主编：《绥德汉代画像石》，西安：陕西人民美术出版社，2001 年，30 页，图 11；曹世玉总编：《绥德文库——汉画像石卷》，北京：中国文史出版社，2004 年，132 页，图 73。
出土/征集时间	1984 年出土
收藏地	绥德县博物馆

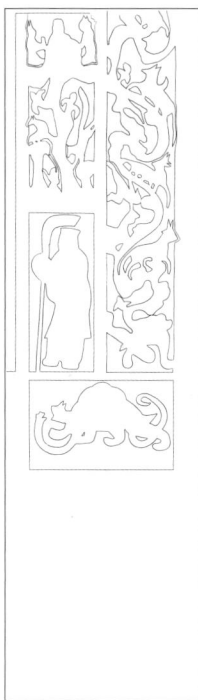

编号	SSX-SD-150-03
时代	东汉永元十六年（公元 104 年）十二月一日
原收藏号	2438-310
出土地	张家砭乡黄家塔
原石尺寸	132×41×8
画面尺寸	85×28
质地	砂岩
原石情况	正面、背面平整；上、左侧面平整，凿人字纹；下、右侧面呈毛石状。
所属墓群	黄家塔 M6（王圣序墓）
组合关系	右门柱，与门楣石，左门柱，左、右门扉为墓门面五石组合。
画面简述	画面分为上、下两格。上格分为内、外两栏。外栏为卷云鸟兽纹，与门楣石外栏卷云鸟兽纹衔接。卷云中穿插熊、羽人戏兽、有三只角的鹿形兽、有翼鹿形兽。内栏上为西王母（东王公？）端坐于神树之上，左右有羽人、玉兔跪侍。树干间有狐、鹿、飞鸟、瑞草。下为门吏戴平巾帻，着长襦大袴，拥彗面门而立。下格为玄武。
著录与文献	绥德汉画像石展览馆编、李贵龙、王建勤主编：《绥德汉代画像石》，西安：陕西人民美术出版社，2001 年，31 页，图 11；曹世玉总编：《绥德文库——汉画像石卷》，北京：中国文史出版社，2004 年，133 页，图 76。
出土/征集时间	1984 年出土
收藏地	绥德县博物馆
备注	左、右门柱使用同一模板制作。

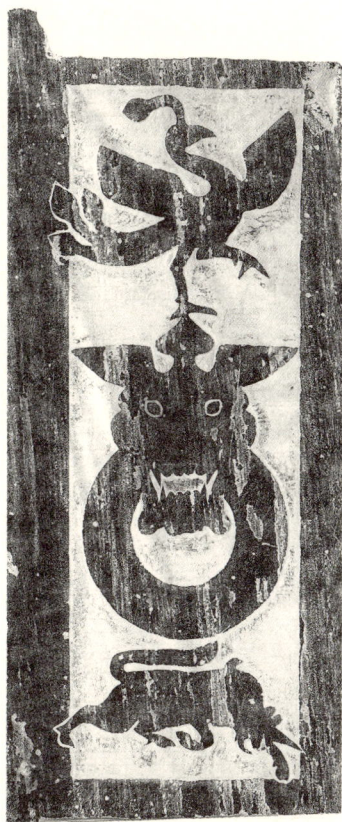

编号	SSX-SD-150-04
时代	东汉永元十六年（公元 104 年）十二月一日
原收藏号	2439-311
出土地	张家砭乡黄家塔
原石尺寸	120×52×4
画面尺寸	100×35
质地	砂岩
原石情况	正面、背面平整；上、下、左、右侧面均呈毛石状。
所属墓群	黄家塔 M6（王圣序墓）
组合关系	左门扉，与门楣石，左、右门柱，右门扉为墓门面五石组合。
画面简述	朱雀、铺首、独角兽。独角兽的眼睛以阴线刻画。
著录与文献	李林、康兰英、赵力光：《陕北汉代画像石》，西安：陕西人民出版社，1995 年，图 371；绥德汉画像石展览馆编，李贵龙、王建勤主编：《绥德汉代画像石》，西安：陕西人民美术出版社，2001 年，30 页，图 11；曹世玉总编：《绥德文库——汉画像石卷》，北京：中国文史出版社，2004 年，133 页，图 74。
出土/征集时间	1984 年出土
收藏地	绥德县博物馆

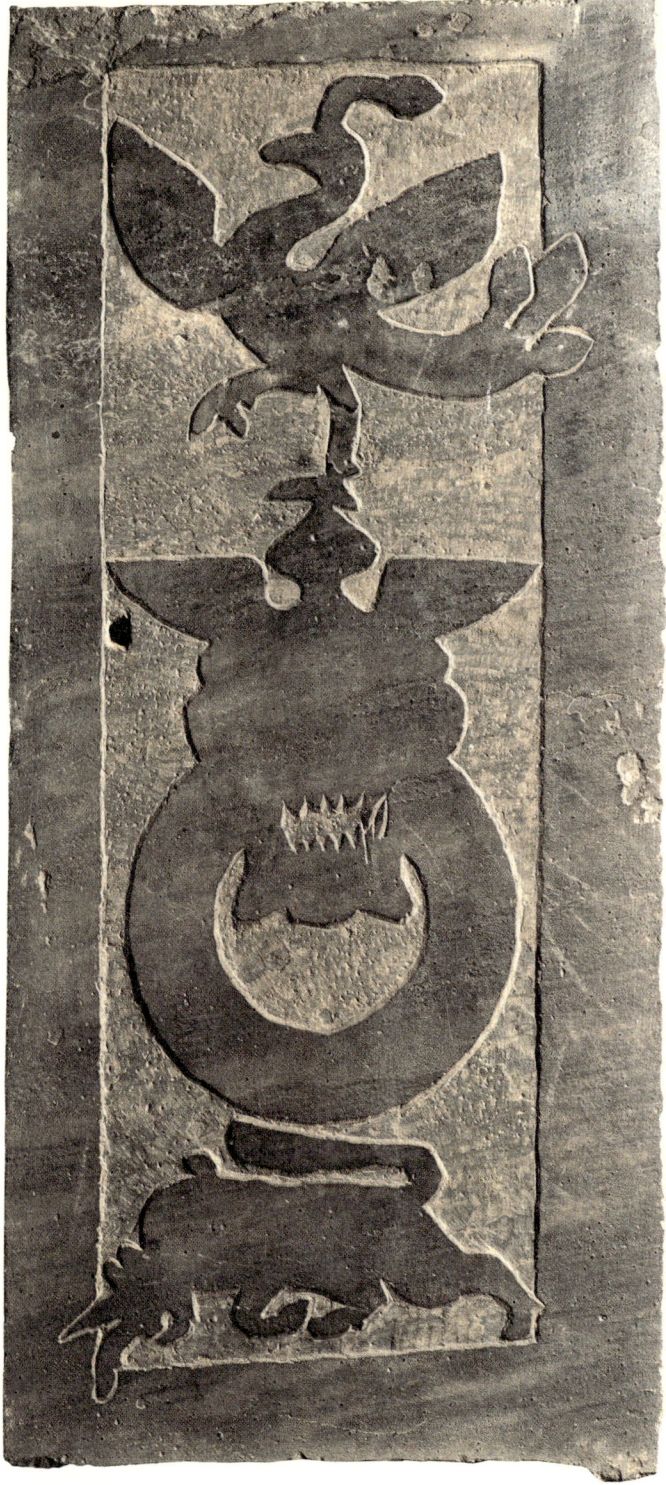

编号	SSX-SD-150-05
时代	东汉永元十六年（公元 104 年）十二月一日
原收藏号	2440-312
出土地	张家砭乡黄家塔
原石尺寸	118×53×5
画面尺寸	97×34
质地	砂岩
原石情况	正面、背面平整；上侧面平整，凿斜纹；下侧面呈毛石状；左侧面平整，凿斜纹；右侧面呈毛石状。
所属墓群	黄家塔 M6（王圣序墓）
组合关系	右门扉，与门楣石，左、右门柱，左门扉为墓门面五石组合。
画面简述	朱雀、铺首、独角兽。
著录与文献	绥德汉画像石展览馆编，李贵龙、王建勤主编：《绥德汉代画像石》，西安：陕西人民美术出版社，2001 年，31 页，图 11；曹世玉总编：《绥德文库——汉画像石卷》，北京：中国文史出版社，2004 年，133 页，图 75。
出土/征集时间	1984 年出土
收藏地	绥德县博物馆

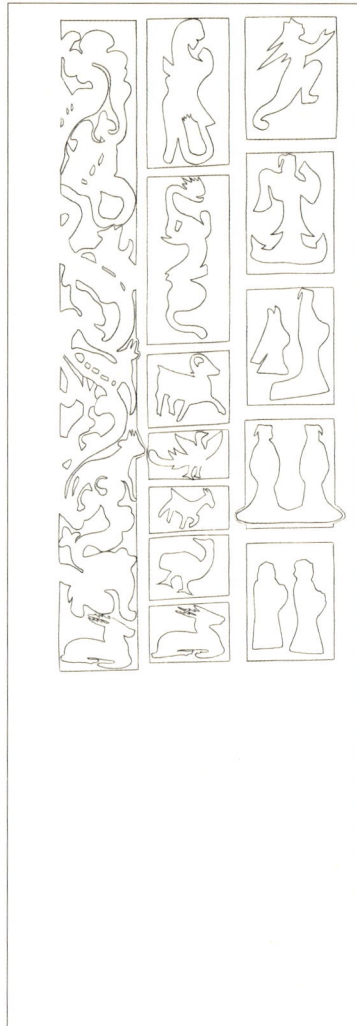

张家砭乡黄家塔（王圣序墓）墓室前室后壁四石组合
SSX-SD-150-06—SSX-SD-150-09

编号	SSX-SD-150-06
时代	东汉永元十六年（公元 104 年）十二月一日
原收藏号	2436-308
出土地	张家砭乡黄家塔
原石尺寸	216×41×8
画面尺寸	150×33
质地	砂岩
原石情况	原石断为两截，左上角残。正面、背面平整；下侧面平整，凿斜纹；上、左、右侧面呈毛石状。
所属墓群	黄家塔 M6（王圣序墓）
组合关系	门楣石，与左、右门柱，左、右门扉为墓门面五石组合。
画面简述	画面分为内、外两栏。外栏为卷云鸟兽纹。左、右两端各阳刻一圆形，象征日、月。卷云间穿插鹿、仙人一手上举、人面鸟、九尾狐、飞鸟、鹿、羽人拽怪兽尾、怪兽衔虎尾、仙人饲鹿、玉兔捣药、狐、麒麟。内栏为灵禽瑞兽图。从左到右为独角牛形怪兽、翼龙、凤鸟、朱雀、麒麟、双头鹿、翼龙。
著录与文献	李林、康兰英、赵力光：《陕北汉代画像石》，西安：陕西人民出版社，1995 年，图 368；绥德汉画像石展览馆编，李贵龙、王建勤主编：《绥德汉代画像石》，西安：陕西人民美术出版社，2001 年，32 页，图 12；曹世玉总编：《绥德文库——汉画像石卷》，北京：中国文史出版社，2004 年，132 页，图 72。
出土/征集时间	1984 年出土
收藏地	绥德县博物馆

SSX-SD-150-06（局部）

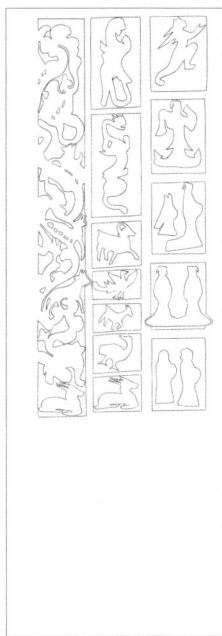

编号	SSX-SD-150-07
时代	东汉永元十六年（公元104年）十二月一日
原收藏号	2442-314
出土地	张家砭乡黄家塔
原石尺寸	149×53×8
画面尺寸	95×40
质地	砂岩
原石情况	正面、背面平整；上侧面平整，凿斜纹；下、左侧面呈毛石状；右侧面平整，凿人字纹。
所属墓群	黄家塔（王圣序墓）
组合关系	左门柱，与横楣石、右门柱、中柱石为墓室前室后壁四石组合。
画面简述	画面分为画分左、中、右三栏。左栏为卷云鸟兽纹，云气间从上至下为有翼鹿形兽、鹿、三角鹿形兽、熊、卧鹿。中栏自上而下分为七格，依次为人立翼虎、人立翼龙、盘角羊、朱雀、羊、鸭、卧羊。右栏自上而下分为五格，依次为羽人呈前弓后箭步，伸臂朝上作敬献状；舞伎梳垂鬐髻，着袿衣挥袖而舞；一妇人梳垂鬐髻，着拖地长裙，面右袖手站立，身后一小孩梳双丫髻，着袍站立；两妇人梳垂鬐髻，着拖地长裙，对面站立，似在对语；两男子着袍袖手，面右站立。
著录与文献	李林、康兰英、赵力光：《陕北汉代画像石》，西安：陕西人民出版社，1995年，图372；绥德汉画像石展览馆编，李贵龙、王建勤主编：《绥德汉代画像石》，西安：陕西人民美术出版社，2001年，32页，图12；曹世玉总编：《绥德文库——汉画像石卷》，北京：中国文史出版社，2004年，136页，图78。
出土/征集时间	1984年出土
收藏地	绥德县博物馆

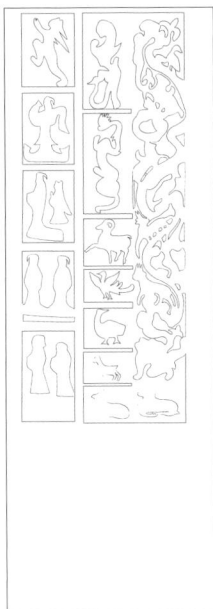

编号	SSX-SD-150-08
时代	东汉永元十六年（公元104年）十二月一日
原收藏号	2443-315
出土地	张家砭乡黄家塔
原石尺寸	147×54×8
画面尺寸	95×38
质地	砂岩
原石情况	正面、背面平整；上侧面靠正面3厘米处平整，凿斜纹；下、左、右侧面呈毛石状，左侧面刻人字纹，右侧面由正面向后外侧倾斜。
所属墓群	黄家塔（王圣序墓）
组合关系	右门柱，与横楣石，左门柱，中柱石为墓室前室后壁四石组合。
画面简述	画面分为左、中、右三栏。右栏为卷云鸟兽纹，云气间从上至下为有翼鹿形兽、鹿、三角鹿形兽、熊、卧鹿。中栏自上而下分为七格，依次为人立翼虎，人立翼龙，盘角羊，朱雀，羊，鸭，卧羊。左栏自上而下分为五格，依次为羽人呈前弓后箭步，伸臂朝上作敬献状；舞伎梳垂髻髻，着袿衣挥袖而舞；一妇人梳垂髻髻，着拖地长裙，面右袖手站立，身后一小孩梳双丫髻，着袍站立；两妇人梳垂髻髻，着拖地长裙，对面站立，似在对语；两男子着袍袖手，面右站立。
著录与文献	绥德汉画像石展览馆编，李贵龙、王建勤主编：《绥德汉代画像石》，西安：陕西人民美术出版社，2001年，33页，图12；曹世玉总编：《绥德文库——汉画像石卷》，北京：中国文史出版社，2004年，137页，图80。
出土/征集时间	1984年出土
收藏地	绥德县博物馆
备注	左右门柱使用同一模板制作。

316

编号	SSX-SD-150-09
时代	东汉永元十六年（公元 104 年）十二月一日
原收藏号	2444-316
出土地	张家砭乡黄家塔
原石尺寸	138×15×9
画面尺寸	10×98
质地	砂岩
原石情况	正面、背面平整；上侧面平整，凿不规整条纹；下侧面呈毛石状；左、右侧面平整，凿规整的人字纹。
所属墓群	黄家塔 M6（王圣序墓）
组合关系	中柱石，与横楣石，左、右门柱为墓室前室后壁四石组合。
画面简述	篆体阳刻"王圣序万岁室宅永元十六年十二月一日祖下"。
著录与文献	李林、康兰英、赵力光：《陕北汉代画像石》，西安：陕西人民出版社，1995 年，图 373；绥德汉画像石展览馆编，李贵龙、王建勤主编：《绥德汉代画像石》，西安：陕西人民美术出版社，2001 年，33 页，图 12；曹世玉总编：《绥德文库——汉画像石卷》，北京：中国文史出版社，2004 年，136 页，图 79。
出土/征集时间	1984 年出土
收藏地	绥德县博物馆

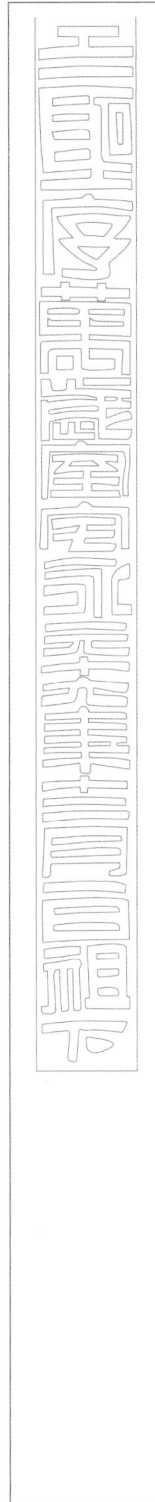

张家砭乡黄家塔 M7 墓门面五石组合
SSX-SD-151-01—SSX-SD-151-05

编号	SSX-SD-151-01
时代	东汉永元二年（公元 90 年）
原收藏号	2445-317
出土地	张家砭乡黄家塔
原石尺寸	201×39×7
画面尺寸	156×33
质地	砂岩
原石情况	正面平整，减地处刻斜纹；上侧面平整，下、左、右侧面呈毛石状。
所属墓群	黄家塔 M7（辽东太守墓）
组合关系	门楣石，与左、右门柱，左、右门扉为墓门面五石组合。
画面简述	画面分内、外两栏。外栏为卷云鸟兽纹，卷云间有羽人献瑞草、青龙、朱鸟、长尾鸟、交尾的狐狸、飞鸟、雄鸡、鹿、仙鹤、白虎、梳露髻武士持矛斗兽、虎、羽人、梳露髻仙人。内栏左为杂耍图，两人倒立，一人击筑。右为斗兽图，一人坐地，面向冲击而来的壮牛蹬开强弓欲射牛；另一人一手持盾、一手举刀，面向抓住牛角、极力下按的武士和奋力抵抗的牛，随时准备拼杀。
著录与文献	李林、康兰英、赵力光：《陕北汉代画像石》，西安：陕西人民出版社，1995 年，图 379；绥德汉画像石展览馆编，李贵龙、王建勤主编：《绥德汉代画像石》，西安：陕西人民美术出版社，2001 年，34 页，图 13；曹世玉总编：《绥德文库——汉画像石卷》，北京：中国文史出版社，2004 年，84 页，图 37。
出土/征集时间	1984 年出土
收藏地	绥德县博物馆

318

SSX-SD-151-01（局部）

编号	SSX-SD-151-02
时代	东汉永元二年（公元 90 年）
原收藏号	2446-318
出土地	张家砭乡黄家塔
原石尺寸	129×38×5
画面尺寸	111×28
质地	砂岩
原石情况	正面、背面平整；左侧面平整，凿斜纹；右侧面、上侧面平整；下侧面呈毛石状；左侧面靠正面处凿斜纹，靠背面处呈毛石状。
所属墓群	黄家塔（辽东太守墓）
组合关系	左门柱，与门楣石，右门柱，左、右门扉为墓门面五石组合。
画面简述	画面分上、下两格。上格分为内、外两栏。外栏为卷云鸟兽纹，云气间有长颈鸟、鹤、熊、鸡首兽、羽人；内栏上为三人踏盘舞（？），下为拥彗门吏。下格为博山炉，炉盘内生长瑞草。
著录与文献	绥德汉画像石展览馆编，李贵龙、王建勤主编：《绥德汉代画像石》，西安：陕西人民美术出版社，2001 年，34 页，图 13；曹世玉总编：《绥德文库——汉画像石卷》，北京：中国文史出版社，2004 年，84 页，图 38。
出土/征集时间	1984 年出土
收藏地	绥德县博物馆

编号	SSX-SD-151-03
时代	东汉永元二年（公元 90 年）
原收藏号	2447-319
出土地	张家砭乡黄家塔
原石尺寸	136×39×7
画面尺寸	109×29
质地	砂岩
原石情况	正面、背面、左侧面平整；上侧面平整，有平口刀铲痕、斜纹；下侧面呈毛石状；右侧面平整，凿斜纹。
所属墓群	黄家塔（辽东太守墓）
组合关系	右门柱，与门楣石，左门柱，左、右门扉为墓门面五石组合。
画面简述	画面分上、下两格。上格分为内、外两栏。外栏为卷云鸟兽纹，云气间有雄鹿、飞鸟、立鸟、虎、羽人坐地扶瑞草。内栏自上而下为三人着袍静坐，第一人因石面残失仅见下身，第二人手执一物于口边，似在吹奏乐器，第三人手执一圭刀形器击筑。中间一人双手举起，仰首看着头顶排成半圆的九颗球丸，在做跳丸游戏。下一人戴冠着袍，手捧简牍面左恭立。下格为博山炉，炉盘内生长瑞草。
著录与文献	李林、康兰英、赵力光：《陕北汉代画像石》，西安：陕西人民出版社，1995 年，图 378；绥德汉画像石展览馆编，李贵龙、王建勤主编：《绥德汉代画像石》，西安：陕西人民美术出版社，2001 年，35 页，图 13；曹世玉总编：《绥德文库——汉画像石卷》，北京：中国文史出版社，2004 年，85 页，图 41。
出土/征集时间	1984 年出土
收藏地	绥德县博物馆

320

118

编号	SSX-SD-151-04
时代	东汉永元二年（公元 90 年）
原收藏号	2448-320
出土地	张家砭乡黄家塔
原石尺寸	126×53×5
画面尺寸	97×34
质地	砂岩
原石情况	正面平整，有铁石锈痕；背面平整；上侧面靠正面处凿斜纹，靠背面处呈毛石状；下侧面靠正面处凿斜纹，靠背面处呈毛石状；左侧面靠正面处凿斜纹，靠背面处呈毛石状；右侧面平整，呈马蹄面。
所属墓群	黄家塔（辽东太守墓）
组合关系	左门扉，与门楣石，左、右门柱，右门扉为墓门面五石组合。
画面简述	朱雀、铺首、独角兽。朱雀的眼睛、羽翅、铺首、独角兽的眼睛均以阴线刻画。铺首的口腔阴刻。
著录与文献	绥德汉画像石展览馆编，李贵龙、王建勤主编：《绥德汉代画像石》，西安：陕西人民美术出版社，2001 年，35 页，图 13；曹世玉总编：《绥德文库——汉画像石卷》，北京：中国文史出版社，2004 年，84 页，图 39。
出土/征集时间	1984 年出土
收藏地	绥德县博物馆

编号	SSX-SD-151-05
时代	东汉永元二年（公元 90 年）
原收藏号	2449-321
出土地	张家砭乡黄家塔
原石尺寸	127×54×6
画面尺寸	98×33
质地	砂岩
原石情况	正面、背面平整；上侧面靠正面处凿斜纹，靠背面处呈毛石状；下侧面呈毛石状；左侧面平整；右侧面靠正面 3 厘米凿斜纹，靠背面处呈毛石状。
所属墓群	黄家塔（辽东太守墓）
组合关系	右门扉，与门楣石、左、右门柱、左门扉为墓门面五石组合。
画面简述	朱雀、铺首、独角兽。朱雀的眼睛、羽翅，铺首、独角兽的眼睛均以阴线刻画。铺首的口腔阴刻。
著录与文献	绥德汉画像石展览馆编，李贵龙、王建勤主编：《绥德汉代画像石》，西安：陕西人民美术出版社，2001 年，35 页，图 13；曹世玉总编：《绥德文库——汉画像石卷》，北京：中国文史出版社，2004 年，85 页，图 40。
出土/征集时间	1984 年出土
收藏地	绥德县博物馆

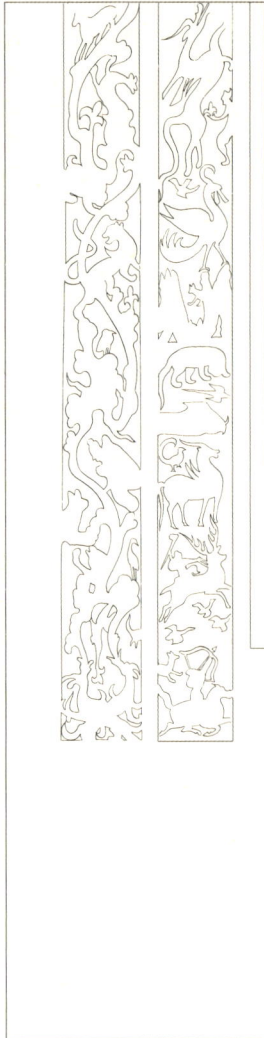

张家砭乡黄家塔（辽东太守墓）墓室南壁五石组合
SSX-SD-151-06—SSX-SD-151-10

编号	SSX-SD-151-06
时代	东汉永元二年（公元 90 年）
原收藏号	2450-322
出土地	张家砭乡黄家塔
原石尺寸	310×47×6
画面尺寸	275×39
质地	砂岩
原石情况	正面、背面平整，上侧面凿斜纹，下侧面呈毛石状，左、右侧面呈毛石状。
所属墓群	黄家塔（辽东太守墓）
组合关系	横楣石，与左、右门柱、中柱石、门槛石为墓室南壁五石组合。
画面简述	画面分内、外两栏。外栏为卷云鸟兽纹。卷云间有仙人举瑞草、青龙、仙鹤、一物不明（？）、羽人献瑞草、龙、鸟、熊、羽人献瑞草、翼龙、翼兽、鹿交尾、猿、猴、鹿、雀鸟、怪兽、熊、凤鸟、羽人骑鹿、一裸人跪叩、一裸人捧读恭立、两怪兽搏斗、九尾狐。内栏从左到右分为四组。第一组：一棵三株树左为同身共尾的双头朱雀，身后有狐，立鸟。右为人面鸟、龙、飞鸟。第二组：钢钩驯象、羽人驭天马、勇士戏龙。钢钩骑在象背上，一手执长棍，一手叉腰，伸腿仰身，姿态得意。象首前一人举臂作欢呼状。另一人一手拿长杆，一手控驭马缰，横空而下，作驭马状。一人曲蹲抓龙翼。第三组：龙首前一株枝叶茂盛的连理树，树右一背生羽翼的麒麟行走。第四组：一羽人手抓龙须，另一手举起，作戏龙状。龙的后腿已经被一有翼怪兽咬住，怪兽身后一勇士手执长矛，已经刺中怪兽的臀部，而勇士的背后一猛虎张口咬勇士的臀部。虎背上爬一怪兽，作吞噬状。虎尾被一个体魄健壮，头梳露髻的勇士双手抓住，用力拽扯。
著录与文献	绥德汉画像石展览馆编，李贵龙、王建勤主编：《绥德汉代画像石》，西安：陕西人民美术出版社，2001 年，36 页，图 14；曹世玉总编：《绥德文库——汉画像石卷》，北京：中国文史出版社，2004 年，90 页，图 42。
出土/征集时间	1984 年出土
收藏地	绥德县博物馆

SSX-SD-151-06（局部）

编号	SSX-SD-151-07
时代	东汉永元二年（公元 90 年）
原收藏号	2451-323
出土地	张家砭乡黄家塔
原石尺寸	162×43×6
画面尺寸	113×26
质地	砂岩
原石情况	正面、背面、上侧面、右侧面平整，下侧面、左侧面呈毛石状。
所属墓群	黄家塔（辽东太守墓）
组合关系	左门柱，与横楣石、右门柱、中柱石、门槛石为墓室南壁五石组合。
画面简述	画面分为内、外两栏。外栏为卷云鸟兽纹，卷云间有鹿、翼、朱鸟、仙鹤、羽人执瑞草、两鹿仰首、口衔瑞草（口吐云气）。右栏分上、下两格。上格为翼龙腾飞、羽人捧瑞草、朱雀抖冠振翅、尾羽卷翘、口衔绶带、站立于山顶，山间有野兽出没。下格为虎形怪兽、鲸鱼、雉鸟、独角有翼天马、一人坐于鹿背上、一手执一物、一手控驭缰绳，一人骑马张弓、瞄射飞鸟。
著录与文献	绥德汉画像石展览馆编，李贵龙、王建勤主编：《绥德汉代画像石》，西安：陕西人民美术出版社，2001 年，36 页，图14；曹世玉总编：《绥德文库——汉画像石卷》，北京：中国文史出版社，2004 年，90 页，图43。
出土/征集时间	1984 年出土
收藏地	绥德县博物馆

129

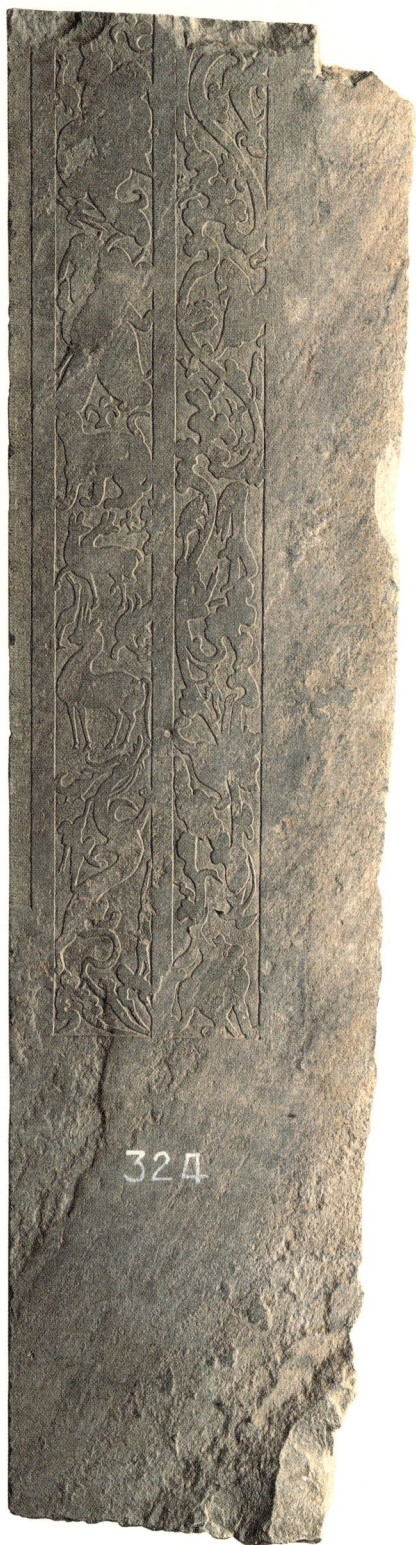

324

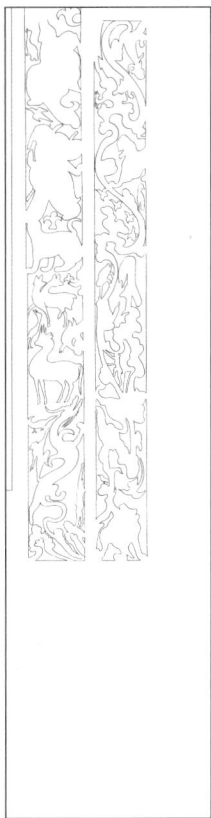

编号	SSX-SD-151-08
时代	东汉永元二年（公元 90 年）
原收藏号	2452-324
出土地	家砭乡黄家塔
原石尺寸	171×48×7
画面尺寸	112×25
质地	砂岩
原石情况	正面、背面、左侧面平整，上、下、右侧面呈毛石状。
所属墓群	黄家塔（辽东太守墓）
组合关系	右门柱，与横楣石、左门柱、中柱石、门槛石为墓室南壁五石组合。
画面简述	画面分为内、外两栏。外栏为卷云鸟兽纹。卷云间有怪兽、虎、飞鸟、立鸟、仙人倒立、羽人攀爬、长尾鸟、熊。左栏自上而下为一人梳露髻，头朝上仰，旁有乌龟亦伸颈仰首向上；另一人头梳露髻，着袍佩剑，仰首朝上；一虎（？）、双头鹿、三角鹿形兽、神人牵龙。
著录与文献	绥德汉画像石展览馆编，李贵龙、王建勤主编：《绥德汉代画像石》，西安：陕西人民美术出版社，2001 年，37 页，图 14；曹世玉总编：《绥德文库——汉画像石卷》，北京：中国文史出版社，2004 年，91 页，图 45。
出土/征集时间	1984 年出土
收藏地	绥德县博物馆

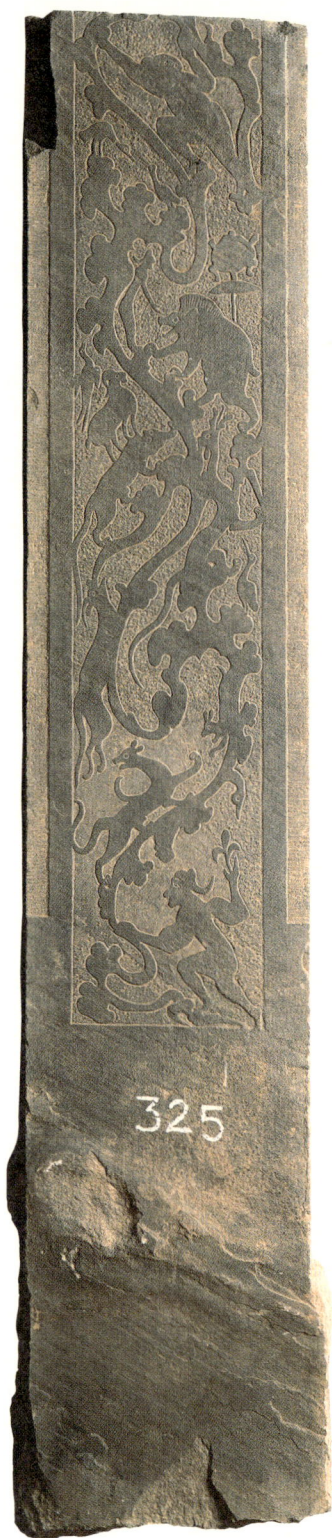

编号	SSX-SD-151-09
时代	东汉永元二年（公元 90 年）
原收藏号	2453-325
出土地	张家砭乡黄家塔
原石尺寸	168×37×8
画面尺寸	113×22
质地	砂岩
原石情况	正面、背面平整；下侧面呈毛石状；上侧面平整；左、右侧面上段平整，下段呈毛石状。
所属墓群	黄家塔（辽东太守墓）
组合关系	中柱石，与横楣石，左、右门柱，门槛石为墓室南壁五石组合。
画面简述	画面为卷云纹，卷云中穿插了头梳露髻的神人登攀云头，头呈仰卧状，其上下均有鸟站立云头。羽人戏狮子（？）。一件鼎形器置于伞状座上。盘角羊、独角怪兽、龙、鹿、仙人扶卷云、执瑞草。
著录与文献	绥德汉画像石展览馆编，李贵龙、王建勤主编：《绥德汉代画像石》，西安：陕西人民美术出版社，2001 年，37 页，图 14；曹世玉总编：《绥德文库——汉画像石卷》，北京：中国文史出版社，2004 年，90 页，图 44。
出土/征集时间	1984 年出土
收藏地	绥德县博物馆

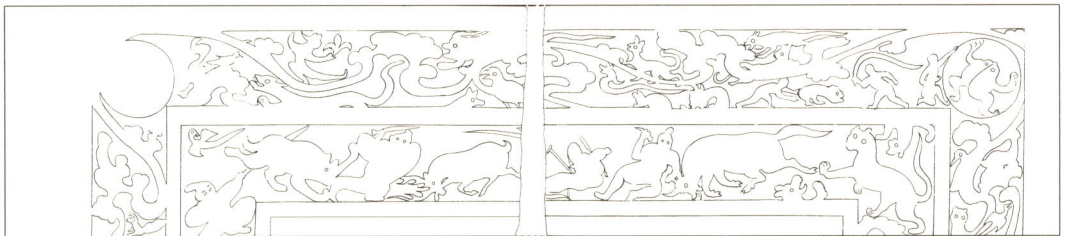

编号	SX-SD-151-10
时代	东汉永元二年（公元 90 年）
原收藏号	2454-326
出土地	张家砭乡黄家塔
原石尺寸	178×38×5
画面尺寸	156×28
质地	砂岩
原石情况	原石断为两截。正面、背面、下侧面平整，上、左、右侧面均呈毛石面。
所属墓群	黄家塔（辽东太守墓）
组合关系	门槛石，与横楣石，左、右门柱，中柱石为墓室南壁五石组合。
画面简述	画面分为内、外两栏。外栏为卷云鸟兽纹。左、右两端分别阳刻一圆形，象征日、月。卷云中穿插鹰嘴鸟、龙首有翼蛇、羽人执瑞草、兔嘴虎、象形怪兽、一人抓兔、一狐张嘴作噬咬状、一人持一条状物作挥舞、一人一腿跪于地、左腿蹬月轮、左手抚月轮。内栏为斗兽图。左有两勇士均头梳露髻，与似熊怪兽搏斗，一人持剑刺穿熊腹，一人的膝盖已被怪兽咬住，后背也被雄鹿以角猛抵，但他仍持尖刀和钺（？）与熊搏斗。一猎手蹲于地，足蹬弩机，张弓射鹿，背负的箭清晰可见。另一勇士搂住奋力抵抗的牛角，持刀欲刺，牛身后一虎作前扑状。
著录与文献	绥德汉画像石展览馆编，李贵龙、王建勤主编：《绥德汉代画像石》，西安：陕西人民美术出版社，2001 年，36 页，图 14；曹世玉总编：《绥德文库——汉画像石卷》，北京：中国文史出版社，2004 年，90 页，图 46/47。
出土/征集时间	1984 年出土
收藏地	绥德县博物馆

SSX-SD-151-10(局部)

SSX-SD-151-11（局部）

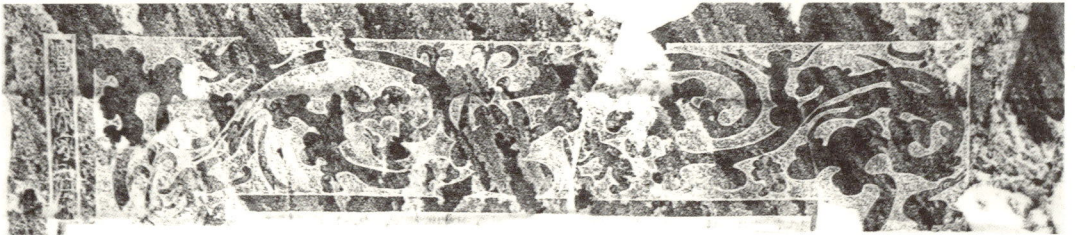

编号	SSX-SD-151-11
时代	东汉永元二年（公元 90 年）
原收藏号	2455-327
出土地	张家砭乡黄家塔
原石尺寸	105×40×5
画面尺寸	96×32
质地	砂岩
原石情况	原石断为两截，中段上部残。正面、背面平整；上侧面平整，凿斜纹；左、右侧面呈毛石状；下侧面平整，两端均有宽 10.3 厘米，高 2.5 厘米突起。
所属墓群	黄家塔（辽东太守墓）
组合关系	横楣石，与左、右门柱为墓室东耳室三石组合。
画面简述	画面为卷云人物鸟兽纹。卷云中有龙衔绶带、飞鸟、熊向一人扑去（？）、玉兔捣药、羽人张臂、独角鹿形兽、曲颈雁。左边一竖框篆体阴刻"辽东太守右宫"。
著录与文献	李林、康兰英、赵力光：《陕北汉代画像石》，西安：陕西人民出版社，1995 年，图 374；绥德汉画像石展览馆编，李贵龙、王建勤主编：《绥德汉代画像石》，西安：陕西人民美术出版社，2001 年，42 页，图 16;曹世玉总编：《绥德文库——汉画像石卷》，北京：中国文史出版社，2004 年，102 页，图 51。
出土/征集时间	1984 年出土
收藏地	绥德县博物馆

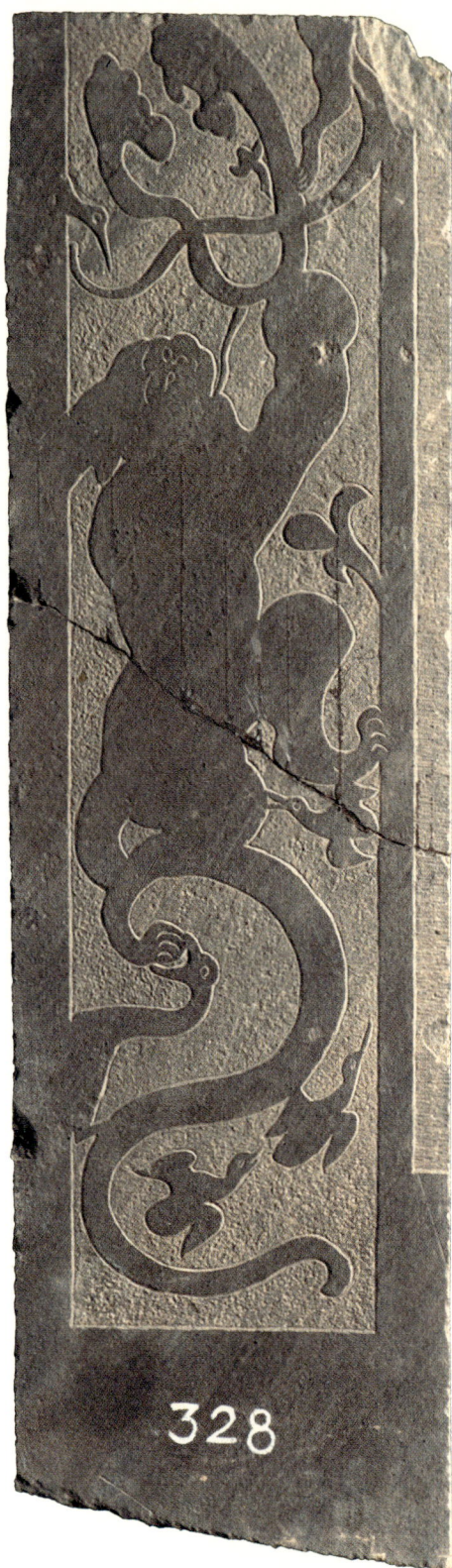

328

编号	SSX-SD-151-12
时代	东汉永元二年（公元 90 年）
原收藏号	2456-328
出土地	张家砭乡黄家塔
原石尺寸	112×34×5
画面尺寸	94×23
质地	砂岩
原石情况	原石断为两截。正面、背面平整；上侧面平整；下侧面呈毛石状；左侧面靠正面处凿斜纹，靠背面处呈毛石状；右侧面平整。
所属墓群	黄家塔（辽东太守墓）
组合关系	左门柱，与横楣石、右门柱为墓室东耳室三石组合。
画面简述	人首人身蛇尾神（女娲？）举规，一鸟啄其膝盖，一蛇（？）咬其足。两鸟飞翔于卷曲的蛇尾间。
著录与文献	绥德汉画像石展览馆编，李贵龙、王建勤主编：《绥德汉代画像石》，西安：陕西人民美术出版社，2001 年，42 页，图 16；曹世玉总编：《绥德文库——汉画像石卷》，北京：中国文史出版社，2004 年，102 页，图 52。
出土/征集时间	1984 年出土
收藏地	绥德县博物馆

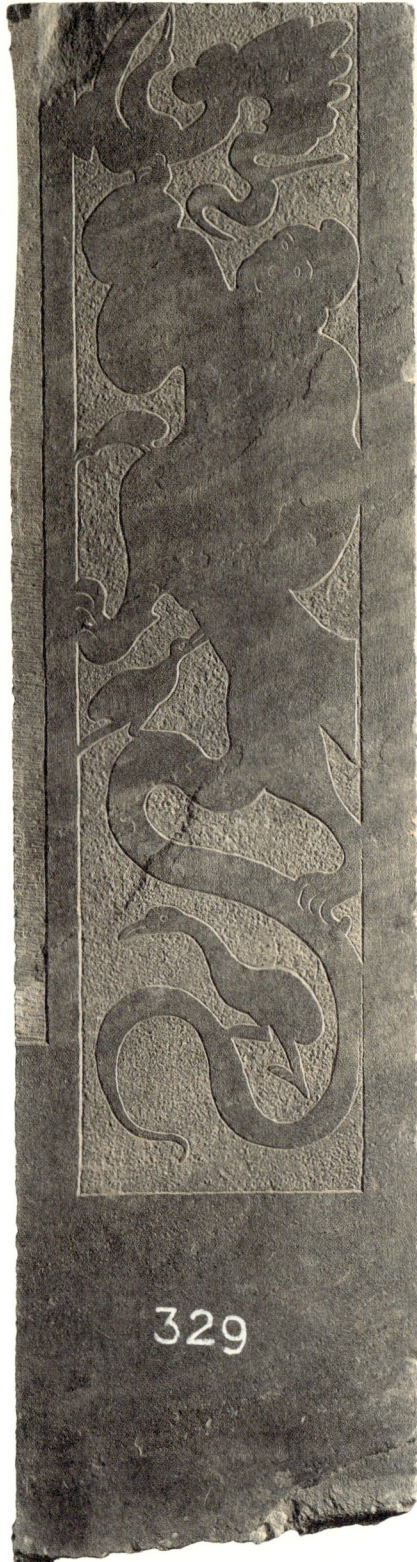

329

编号	SSX-SD-151-13
时代	东汉永元二年（公元 90 年）
原收藏号	2457-329
出土地	张家砭乡黄家塔
原石尺寸	125×34×6
画面尺寸	95×23
质地	砂岩
原石情况	正面、背面、上侧面平整；下面呈毛石状；左侧面平整，凿斜纹；右侧面靠正面 3 厘米凿斜纹，靠背面处呈毛石状。
所属墓群	黄家塔（辽东太守墓）
组合关系	右门柱，与横楣石，左门柱为墓室东耳室三石组合。
画面简述	人首人身蛇尾神（伏羲）抚卷云，一鸟仰颈朝天，一鸟啄腹，一鸟立于卷曲的蛇尾间。
著录与文献	绥德汉画像石展览馆编，李贵龙、王建勤主编：《绥德汉代画像石》，西安：陕西人民美术出版社，2001 年，42 页，图 16；曹世玉总编：《绥德文库——汉画像石卷》，北京：中国文史出版社，2004 年，103 页，图 53。
出土/征集时间	1984 年出土
收藏地	绥德县博物馆

编号	SSX-SD-151-14
时代	东汉永元二年（公元 90 年）
原收藏号	2458-330
出土地	张家砭乡黄家塔
原石尺寸	192×43×6
画面尺寸	173×34
质地	砂岩
原石情况	原石断为两截。正面、背面平整；上侧面平整，凿斜纹；下侧面呈毛石状，中部减地宽 156 厘米，深 4.5 厘米；左、右侧面均呈毛石状。
所属墓群	黄家塔（辽东太守墓）
组合关系	横楣石，与左、右门柱为墓室西耳室三石组合。
画面简述	画面为卷云鸟兽纹。卷云间刻画龙、长尾鸟、羽人跪拜、鹿、兽身兽尾九头鸟怪兽（鸟？）。左端有两道题刻，分别为鸟虫篆阳刻"永元二年太岁在此造"、"巧工王子□□作"；右端鸟虫篆阳刻"辽东太守左宫"。
著录与文献	李林、康兰英、赵力光：《陕北汉代画像石》，西安：陕西人民出版社，1995 年，图 375/376；绥德汉画像石展览馆编，李贵龙、王建勤主编：《绥德汉代画像石》，西安：陕西人民美术出版社，2001 年，40 页，图 15；曹世玉总编：《绥德文库——汉画像石卷》，北京：中国文史出版社，2004 年，96 页，图 48。
出土/征集时间	1984 年出土
收藏地	绥德县博物馆

编号	SSX-SD-151-15
时代	东汉永元二年（公元 90 年）
原收藏号	2459-331
出土地	张家砭乡黄家塔
原石尺寸	129×34×6
画面尺寸	95×23
质地	砂岩
原石情况	正面、背面平整；上侧面平整，有平口刀痕；下侧面呈毛石状；左侧面靠正面处凿斜纹，靠背面处呈毛石状；右侧面平整。
所属墓群	黄家塔（辽东太守墓）
组合关系	左门柱，与横楣石、右门柱为墓室西耳室三石组合。
画面简述	卷云纹中一鸡首神肩生瑞草，一人攀其尾，一鸟仰颈朝天。下躺一裸男，双脚蹬卷云，一手托攀鸡首神尾者的足。右有一人挥袖而舞。
著录与文献	绥德汉画像石展览馆编，李贵龙、王建勤主编：《绥德汉代画像石》，西安：陕西人民美术出版社，2001 年，40 页，图 15；曹世玉总编：《绥德文库——汉画像石卷》，北京：中国文史出版社，2004 年，96 页，图 49。
出土/征集时间	1984 年出土
收藏地	绥德县博物馆

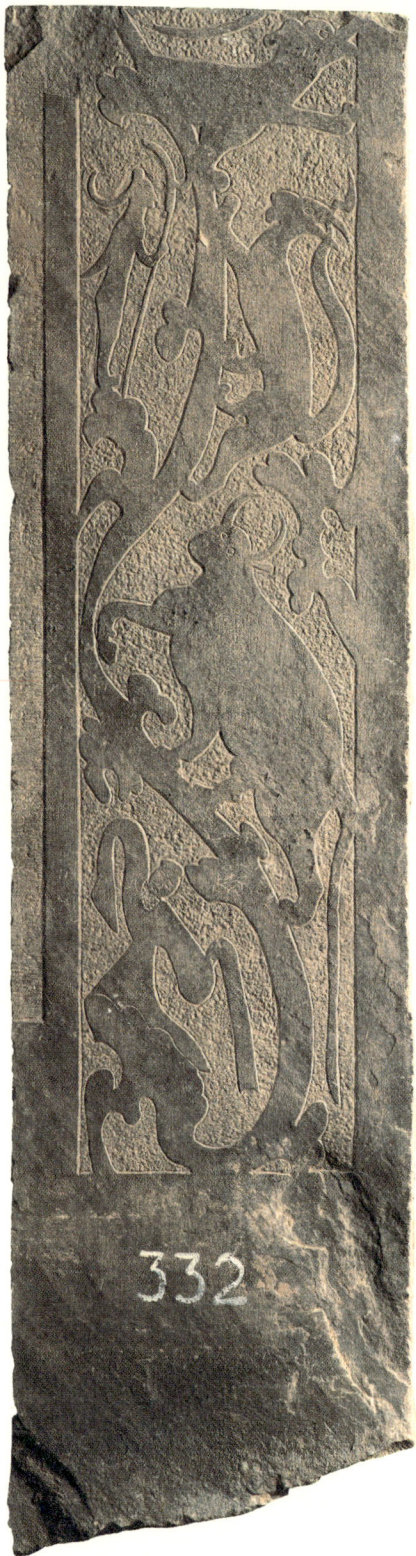

332

编号	SSX-SD-151-16
时代	东汉永元二年（公元 90 年）
原收藏号	2460-332
出土地	张家砭乡黄家塔
原石尺寸	125×34×6
画面尺寸	94×26
质地	砂岩
原石情况	正面、背面平整；上侧面和左侧面平整；下侧面呈毛石状；右侧面靠正面处凿条纹，靠背面处呈毛石状。
所属墓群	黄家塔（辽东太守墓）
组合关系	右门柱，与横楣石、左门柱为墓室西耳室三石组合。
画面简述	卷云纹中上为一兽奔走、一执戟羽人、山羊头怪兽；中间为一牛；下为一广袖舞者。
著录与文献	绥德汉画像石展览馆编，李贵龙、王建勤主编：《绥德汉代画像石》，西安：陕西人民美术出版社，2001 年，41 页，图 15；曹世玉总编：《绥德文库——汉画像石卷》，北京：中国文史出版社，2004 年，97 页，图 50。
出土/征集时间	1984 年出土
收藏地	绥德县博物馆

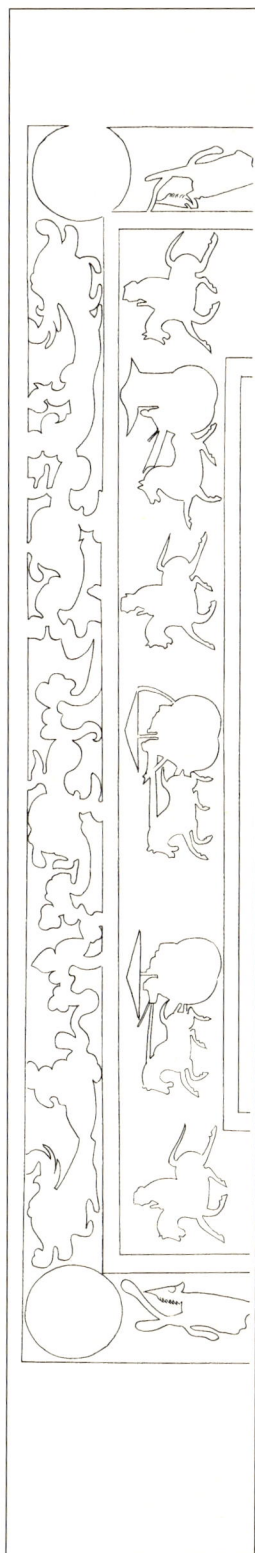

编　　号　　SSX-SD-152-01

时　　代　　东汉

原收藏号　　2156-28

出土地　　张家砭乡黄家塔

原石尺寸　　202×33×6

画面尺寸　　155×30

质　　地　　砂岩

原石情况　　正面、背面平整；上、左、右侧面均呈毛石状；下侧面平整，凿人字纹。

所属墓群　　黄家塔 M8

组合关系　　门楣石，与左、右门柱、左、右门扉为墓门面五石组合。

画面简述　　画面分为内、外两栏。外栏为卷云纹，左右两端各阳刻一圆，是为日、月；内栏为出行图，一导骑，两辆轺车，一辆辎车，两护骑鱼贯行进。

著录与文献　　李林、康兰英、赵力光：《陕北汉代画像石》，西安：陕西人民出版社，1995 年，图 380；绥德汉画像石展览馆编，李贵龙、王建勤主编：《绥德汉代画像石》，西安：陕西人民美术出版社，2001 年，110 页，图 60；曹世玉总编：《绥德文库——汉画像石卷》，北京：中国文史出版社，2004 年，354 页，图 331。

出土/征集时间　　1986 年出土

收藏地　　绥德县博物馆

编号	SSX-SD-152-02
时代	东汉
原收藏号	2157-29
出土地	张家砭乡黄家塔
原石尺寸	122×41
画面尺寸	88×29
质地	砂岩
原石情况	正面、背面、上侧面平整；下、左侧面呈毛石状；右侧面平整，凿斜纹。
所属墓群	黄家塔 M8
组合关系	左门柱，与门楣石，右门柱，左、右门扉为墓门面五石组合。
画面简述	画面分为内、外两栏。外栏为卷云纹，下端有青龙。内栏分上、下两格。上格为东王公头戴王冠，侧身坐于神树之巅，与仙人对弈，顶罩双柱支撑的华盖。树干间有立鸟、鹿。下格一吏戴冠着官服，荷剑捧简牍，面门站立。
著录与文献	李林、康兰英、赵力光：《陕北汉代画像石》，西安：陕西人民出版社，1995 年，图 381；绥德汉画像石展览馆编，李贵龙、王建勤主编：《绥德汉代画像石》，西安：陕西人民美术出版社，2001 年，148 页，图 79；曹世玉总编：《绥德文库——汉画像石卷》，北京：中国文史出版社，2004 年，258 页，图 215。
出土/征集时间	1986 年出土
收藏地	绥德县博物馆

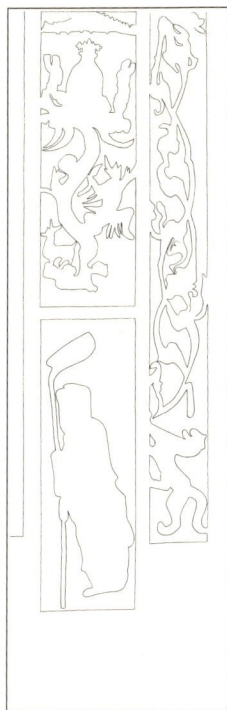

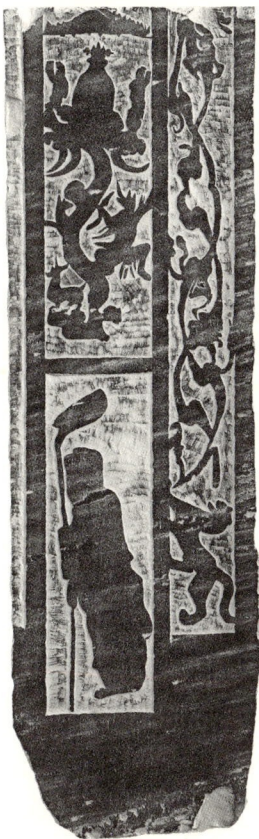

编号	SSX-SD-152-03
时代	东汉
原收藏号	2158-30
出土地	张家砭乡黄家塔
原石尺寸	114×36
画面尺寸	97×27
质地	砂岩
原石情况	正面、背面、上侧面、右侧面平整；下侧面呈毛石状；左侧面平整，凿斜纹。
所属墓群	黄家塔 M8
组合关系	右门柱，与门楣石，左门柱，左、右门扉为墓门面五石组合。
画面简述	画面分为内、外两栏。外栏为卷云纹，下端有白虎。内栏分上、下两格。上格为西王母头戴胜仗，端坐于神树之巅，顶罩华盖，左、右有两仙人侍奉。树干间有羽人、鹿、狐。下格一门吏拥彗面门站立。
著录与文献	李林、康兰英、赵力光：《陕北汉代画像石》，西安：陕西人民出版社，1995年，图382；绥德汉画像石展览馆编，李贵龙、王建勤主编：《绥德汉代画像石》，西安：陕西人民美术出版社，2001年，148页，图79；曹世玉总编：《绥德文库——汉画像石卷》，北京：中国文史出版社，2004年，258页，图216。
出土/征集时间	1986年出土
收藏地	绥德县博物馆

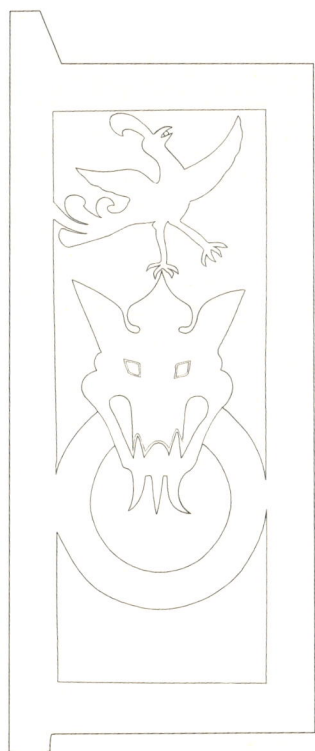

编号	SSX-SD-152-04
时代	东汉
原收藏号	2159-31
出土地	张家砭乡黄家塔
原石尺寸	115×49×5
画面尺寸	89×34
质地	砂岩
原石情况	正面、背面平整，减地处可见平口凿纹；上侧面平整；下侧面呈毛石状；左侧面呈毛石状；右侧面平整，可见平口凿纹。
所属墓群	黄家塔 M8
组合关系	左门扉，与门楣石，左、右门柱，右门扉为墓门面五石组合。
画面简述	朱雀、铺首衔环。铺首的眼睛阴线刻成菱形。
著录与文献	李林、康兰英、赵力光：《陕北汉代画像石》，西安：陕西人民出版社，1995 年，图 383。
出土/征集时间	1986 年出土
收藏地	绥德县博物馆

编号	SSX-SD-152-05
时代	东汉
原收藏号	2160-32
出土地	张家砭乡黄家塔
原石尺寸	116×46×4
画面尺寸	87×33
质地	砂岩
原石情况	正面、背面平整；上、下侧面呈毛石状；左侧面平整；右侧面呈毛石状。
所属墓群	黄家塔 M8
组合关系	右门扉，与横楣石，左、右门柱，左门扉为墓门面五石组合。
画面简述	朱雀、铺首衔环。铺首的眼睛阴线刻成菱形。
著录与文献	李林、康兰英、赵力光：《陕北汉代画像石》，西安：陕西人民出版社，1995 年，图 384。
出土/征集时间	1986 年出土
收藏地	绥德县博物馆

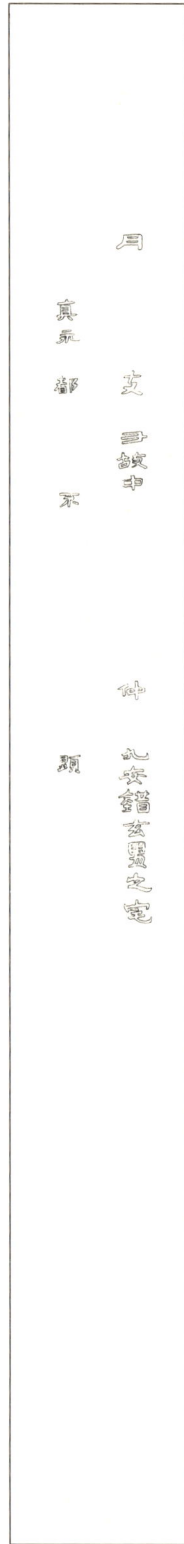

225

月　支　卦故中　仲　北安鄣玄男之宅

真氣　郡　不　　　顯

编号	SSX-SD-152-06
时代	东汉
原收藏号	2353-225
出土地	张家砭乡黄家塔
原石尺寸	123×15×6
画面尺寸	
质地	砂岩
原石情况	正面、背面平整；上、下侧面呈毛石状；左、右侧面平整，均凿人字纹。
所属墓群	黄家塔 M8
组合关系	不详
画面简述	上有两竖行墨书，左行字迹模糊难辨，右行依稀可见如下字样："□□支□丑故中□□□□□□□仲□□北安错玄□之宅"。
著录与文献	李林、康兰英、赵力光：《陕北汉代画像石》，西安：陕西人民出版社，1995 年，图 385。
出土/征集时间	1986 年征集
收藏地	绥德县博物馆

编号	SSX-SD-152-07
时代	东汉
原收藏号	不详
出土地	张家砭乡黄家塔
原石尺寸	20×20×9
画面尺寸	20×20
质地	砂岩
原石情况	正面、背面平整；上、下、左、右四面平整，凿斜纹。
所属墓群	黄家塔 M8
组合关系	不详
画面简述	中绘一直径为17厘米的圆，内有飞翔的三足乌，圆外均匀分布四个朱红圆形。
著录与文献	李林、康兰英、赵力光:《陕北汉代画像石》，西安:陕西人民出版社，1995年，彩图2。
出土/征集时间	1986年征集
收藏地	绥德县博物馆
备注	墓室顶部石

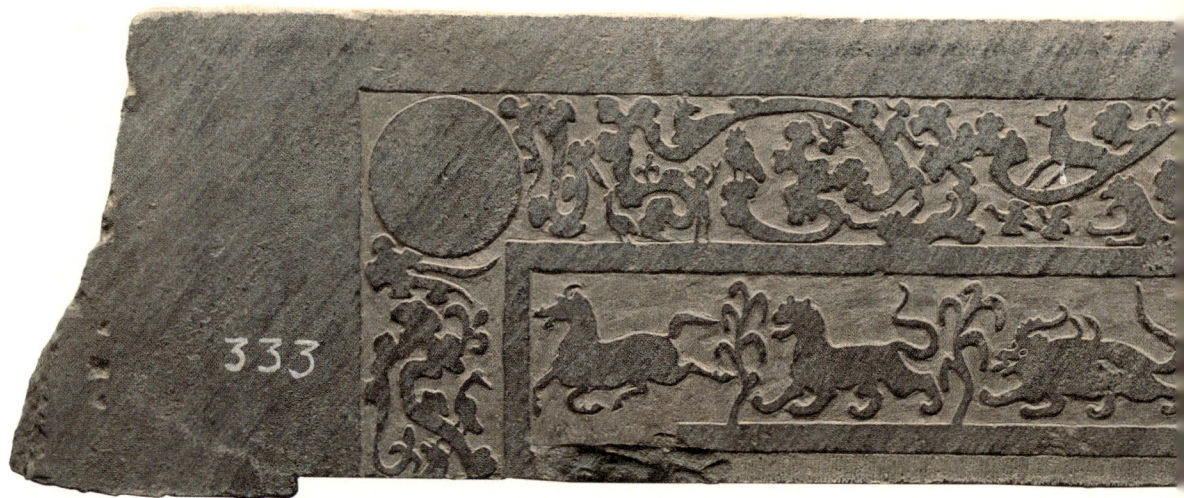

编　　号	SSX-SD-153-01
时　　代	东汉
原收藏号	2461-333
出土地	张家砭乡黄家塔
原石尺寸	220×43×8
画面尺寸	156×34
质　　地	砂岩
原石情况	正面、背面平整；上、下侧面平整，凿斜纹；左、右侧面呈毛石状。
所属墓群	黄家塔 M9
组合关系	门楣石，与左、右门柱，左、右门扉为墓门面五石组合。
画面简述	画面分为内、外两栏。外栏为卷云鸟兽纹。左、右两端各阳刻一圆形，象征日、月。卷云中穿插朱鸟、羽人献瑞草、羊、人面鸟、羽人拽怪兽尾、怪兽衔虎尾、捣药玉兔、狐、麒麟。内栏为瑞兽图。有天马、白虎、独角有翼鹿形怪兽、麒麟、双角有翼龙、独角有翼龙。各瑞兽之间均有瑞草生长。
著录与文献	李林、康兰英、赵力光：《陕北汉代画像石》，西安：陕西人民出版社，1995 年，图 386；绥德汉画像石展览馆编，李贵龙、王建勤主编：《绥德汉代画像石》，西安：陕西人民美术出版社，2001 年，44 页，图 18；曹世玉总编：《绥德文库——汉画像石卷》，北京：中国文史出版社，2004 年，162 页，图 108。
出土/征集时间	1984 年出土
收藏地	绥德县博物馆

SSX-SD-153-01（局部）

SSX-SD-153-01（局部）

SSX-SD-153-01（局部）

334

编号	SSX-SD-153-02
时代	东汉
原收藏号	2462-334
出土地	张家砭乡黄家塔
原石尺寸	132×39×7
画面尺寸	88×29
质地	砂岩
原石情况	正面、背面、上侧面平整;下侧面、左侧面呈毛石状;右侧面平整,凿人字纹。
所属墓群	黄家塔 M9
组合关系	左门柱,与门楣石,右门柱,左、右门扉为墓门面五石组合。
画面简述	画面分为上、下两格。上格分为内、外两栏。外栏为卷云鸟兽纹,与门楣石外栏的卷云鸟兽纹衔接。卷云中穿插长尾有翼兽、六腿怪兽、羽人按虎头、鹿、熊。内栏上格为西王母(东王公?)端坐于神树座之上,左、右有仙人、玉兔跪侍。树干间有狐、鹿、飞鸟、瑞草。下为一门吏头戴平巾帻,身着长襦大袴,拥彗面门而立。下格为玄武。
著录与文献	李林、康兰英、赵力光:《陕北汉代画像石》,西安:陕西人民出版社,1995 年,图387;绥德汉画像石展览馆编,李贵龙、王建勤主编:《绥德汉代画像石》,西安:陕西人民美术出版社,2001 年,44 页,图18;曹世玉总编:《绥德文库——汉画像石卷》,北京:中国文史出版社,2004 年,162 页,图 109。
出土/征集时间	1984 年出土
收藏地	绥德县博物馆

335

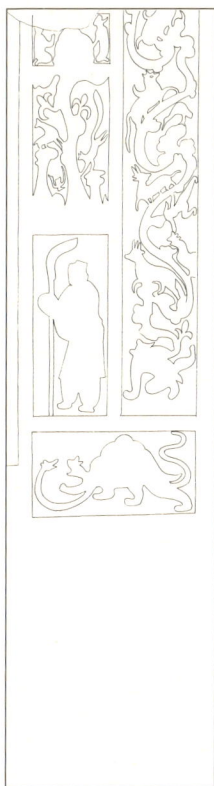

编号	SSX-SD-153-03
时代	东汉
原收藏号	2463-335
出土地	张家砭乡黄家塔
原石尺寸	134×39×6
画面尺寸	87×29
质地	砂岩
原石情况	正面、背面平整；上侧面平整，凿网纹；下侧面呈毛石状；左侧面平整，上部凿斜纹，下部凿人字纹；右侧面呈毛石状。
所属墓群	黄家塔 M9
组合关系	右门柱，与门楣石，左门柱，左、右门扉为墓门面五石组合。
画面简述	画面分为上、下两格。上格分为内、外两栏。外栏为卷云鸟兽纹，与门楣石外栏的卷云鸟兽纹衔接。卷云中穿插长尾有翼兽、六腿怪兽、羽人按虎头、鹿、熊。内栏上格为西王母（东王公？）端坐于神树座之上，左右有仙人、玉兔跪侍。树干间有狐、鹿、飞鸟、瑞草。下为一门吏头戴平巾帻，身着长襦大袴，拥彗面门而立。下格为玄武。
著录与文献	绥德汉画像石展览馆编，李贵龙、王建勤主编：《绥德汉代画像石》，西安：陕西人民美术出版社，2001 年，45 页，图 18；曹世玉总编：《绥德文库——汉画像石卷》，北京：中国文史出版社，2004 年，163 页，图 112。
出土/征集时间	1984 年出土
收藏地	绥德县博物馆
备注	左、右门柱使用同一模板制作。

编号	SSX-SD-153-04
时代	东汉
原收藏号	2464-336
出土地	张家砭乡黄家塔
原石尺寸	120×53×5
画面尺寸	100×33
质地	砂岩
原石情况	正面、背面平整；上侧面平整，凿斜纹；下侧面平整，凿斜纹；左侧面平整，凿斜纹；右侧面平整，由前向后倾斜呈马蹄面。
所属墓群	黄家塔 M9
组合关系	左门扉，与门楣石，左、右门柱，右门扉为墓门面五石组合。
画面简述	朱雀、铺首、独角兽。铺首所衔之环内填刻朱雀，画面补白卷云和瑞草。朱雀、独角兽的眼睛，铺首的五官均以阴线刻画，铺首的口腔阴刻。
著录与文献	李林、康兰英、赵力光：《陕北汉代画像石》，西安：陕西人民出版社，1995 年，图388；绥德汉画像石展览馆编，李贵龙、王建勤主编：《绥德汉代画像石》，西安：陕西人民美术出版社，2001 年，44 页，图18；曹世玉总编：《绥德文库——汉画像石卷》，北京：中国文史出版社，2004 年，162 页，图110。
出土/征集时间	1984 年出土
收藏地	绥德县博物馆

编号	SSX-SD-153-05
时代	东汉
原收藏号	2465-337
出土地	张家砭乡黄家塔
原石尺寸	125×50×5
画面尺寸	98×31
质地	砂岩
原石情况	正面、背面平整；上、下侧面呈毛石状；左侧面平整；右侧面靠正面部分平整，凿斜纹，靠背面部分呈毛石状。
所属墓群	黄家塔 M9
组合关系	右门扉，与门楣石，左、右门柱，左门扉为墓门面五石组合。
画面简述	朱雀、铺首、独角兽。铺首所衔之环内填刻朱雀，画面补白卷云和瑞草。朱雀、独角兽的眼睛，铺首的五官均以阴线刻画，铺首的口腔阴刻。
著录与文献	绥德汉画像石展览馆编，李贵龙、王建勤主编：《绥德汉代画像石》，西安：陕西人民美术出版社，2001年，44页，图18；曹世玉总编：《绥德文库——汉画像石卷》，北京：中国文史出版社，2004年，163页，图111。
出土/征集时间	1984年出土
收藏地	绥德县博物馆
备注	左、右门扉主图像使用同一模板制作。

编号	SSX-SD-153-06
时代	东汉
原收藏号	2475-347
出土地	张家砭乡黄家塔
原石尺寸	267×41×5
画面尺寸	248×27
质地	砂岩
原石情况	原石断为两截，断面处、左部下角残一角。正面、背面平整；上、左侧面呈毛石状；下侧面平整；右侧面靠正面2.5厘米处平整，凿斜纹，靠背面处呈毛石状。
所属墓群	黄家塔M9
组合关系	横楣石，与左、右门柱为墓室前室北壁三石组合。
画面简述	画面分为上、下两栏。上栏为卷云纹。下栏正中一厅堂内帷幔下垂，男女两人端坐。厅堂外左、右两边均有一人面厅堂拱手站立，身边都有小孩跟随。各有两辆辎车停立，两辎车之间一人戴帻巾着袍，拱手站立。左有两辆牛车行进，右有一辆牛车行进。
著录与文献	李林、康兰英、赵力光：《陕北汉代画像石》，西安：陕西人民出版社，1995年，图392；绥德汉画像石展览馆编，李贵龙、王建勤主编：《绥德汉代画像石》，西安：陕西人民美术出版社，2001年，122页，图66；曹世玉总编：《绥德文库——汉画像石卷》，北京：中国文史出版社，2004年，314页，图281。
出土/征集时间	1984年出土
收藏地	绥德县博物馆
备注	厅堂之外左右图像对称，车马人等均使用同一模板制作。

SSX-SD-153-06（局部）

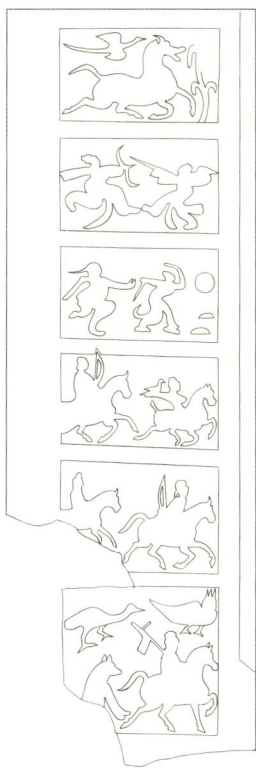

编号	SSX-SD-153-07
时代	东汉
原收藏号	2471-343
出土地	张家砭乡黄家塔
原石尺寸	100×34×5
画面尺寸	92×21
质地	砂岩
原石情况	原石下段残为两块，有残缺部分。正面、背面、上侧面平整；下侧面、左侧面呈毛石状；右侧面平整，凿斜纹。
所属墓群	黄家塔 M9
组合关系	左门柱，与横楣石，右门柱为墓室前室北壁三石组合。
画面简述	画面自上而下分为六格。第一格：奔马、飞鸟。第二格：两人分别持钩镶和剑竞技。第三格：前一人一手执桴击鼙鼓、一手持巾踏盘而舞，另一人伴舞。第四格：两人骑马前行，前一人走马扶鹰，后一人执弓。第五格：两人骑马前行，前一人执弓倒骑在马背上。第六格：荷棨戟骑吏和家禽。
著录与文献	曹世玉总编：《绥德文库——汉画像石卷》，北京：中国文史出版社，2004 年，498 页，图 464。
出土/征集时间	1984 年出土
收藏地	绥德县博物馆

344

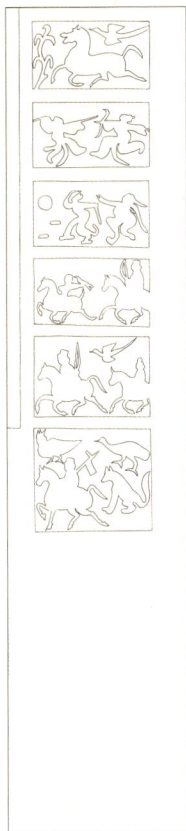

编号	SSX-SD-153-08
时代	东汉
原收藏号	2472-344
出土地	张家砭乡黄家塔
原石尺寸	150×34×7
画面尺寸	92×22
质地	砂岩
原石情况	正面、背面、上侧面平整；下、右侧面呈毛石状；左侧面平整，凿斜纹。
所属墓群	黄家塔 M9
组合关系	右门柱，与横楣石，左门柱为墓室前室北壁三石组合。
画面简述	画面自上而下分为六格。第一格：奔马、飞鸟。第二格：两人分别持钩镶和剑竞技。第三格：前一人双手执桴击鼙鼓，踏盘而舞，另一人伴舞。第四格：两人骑马前行，前一人走马扶鹰，后一人执弓。第五格：两人骑马前行，前一人执弓倒骑在马背上。第六格：荷啟戟骑吏和家禽。
著录与文献	李林、康兰英、赵力光：《陕北汉代画像石》，西安：陕西人民出版社，1995 年，图 389；曹世玉总编《绥德文库——汉画像石卷》，北京：中国文史出版社，2004 年，498 页，图 465。
出土/征集时间	1984 年出土
收藏地	绥德县博物馆
备注	左、右门柱使用同一模板制作。

编号	SSX-SD-153-09
时代	东汉
原收藏号	2470-342
出土地	张家砭乡黄家塔
原石尺寸	272×41×7
画面尺寸	247×27
质地	砂岩
原石情况	原石断为四截。正面、背面平整；上、左、右侧面呈毛石状；下侧面平整，凿斜纹。
所属墓群	黄家塔 M9
组合关系	横楣石，与左、右边柱，左、右门柱为墓室前室东壁五石组合。
画面简述	画面分为上、下两栏。上栏为卷云纹。下栏为车骑行进图。画面左两人戴冠着袍，匍匐于地，身后一人戴冠着袍，弯腰拱手，均在恭迎即将前来的车马人行。迎面而来的是四辆轺车，一辆辎车，随行的有执弓荷棨戟的骑吏五人，徒手骑吏两人。最后一辆轺车后，一人拱手站立似在恭送出行的车队。
著录与文献	李林、康兰英、赵力光：《陕北汉代画像石》，西安：陕西人民出版社，1995 年，图 393；绥德汉画像石展览馆编，李贵龙、王建勤主编：《绥德汉代画像石》，西安：陕西人民美术出版社，2001 年，122 页，图 66；曹世玉总编：《绥德文库——汉画像石卷》，北京：中国文史出版社，2004 年，314 页；图 280。
出土/征集时间	1984 年出土
收藏地	绥德县博物馆

SSX-SD-153-09（局部）

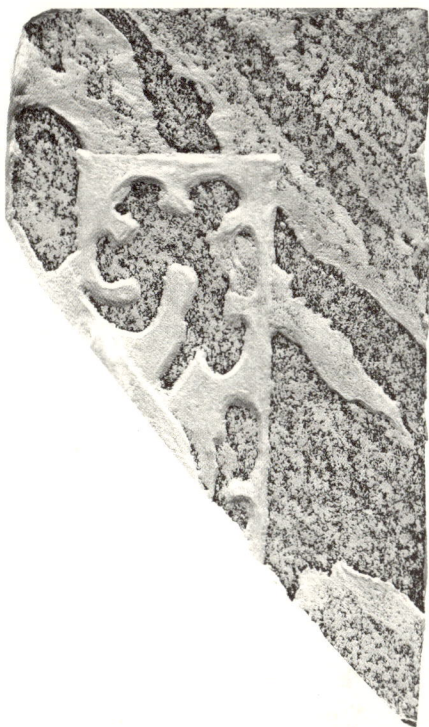

编号	SSX-SD-153-10
时代	东汉
原收藏号	2473-345
出土地	张家砭乡黄家塔
原石尺寸	33×23×5
画面尺寸	18×10
质地	砂岩
原石情况	原石系右上段残块。正面、背面平整；上侧面平整，凿斜纹；下侧面为断面；左侧面靠正面1.5厘米处平整，凿斜纹，靠背面处呈毛石状；右侧面呈毛石状。
所属墓群	黄家塔 M9
组合关系	左边柱，与横楣石，右边柱，左、右门柱为墓室前室东壁五石组合。
画面简述	卷云纹。
著录与文献	未发表
出土/征集时间	1984 年出土
收藏地	绥德县博物馆

编号	SSX-SD-153-11
时代	东汉
原收藏号	2474-346
出土地	张家砭乡黄家塔
原石尺寸	132×29×5
画面尺寸	87×9
质地	砂岩
原石情况	正面、背面、上侧面平整；下、左面呈毛石状；右面靠正面 1.5 厘米处平整，凿斜纹，靠背面处呈毛石状。
所属墓群	黄家塔 M9
组合关系	右边柱，与横楣石，左边柱，左、右门柱为墓室前室东壁五石组合。
画面简述	卷云纹。
著录与文献	曹世玉总编：《绥德文库——汉画像石卷》，北京：中国文史出版社，2004 年，300 页，图 259。
出土/征集时间	1984 年出土
收藏地	绥德县博物馆

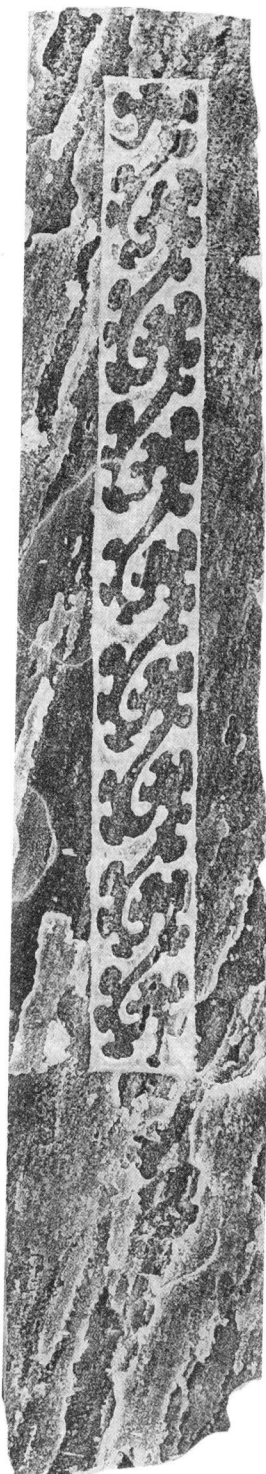

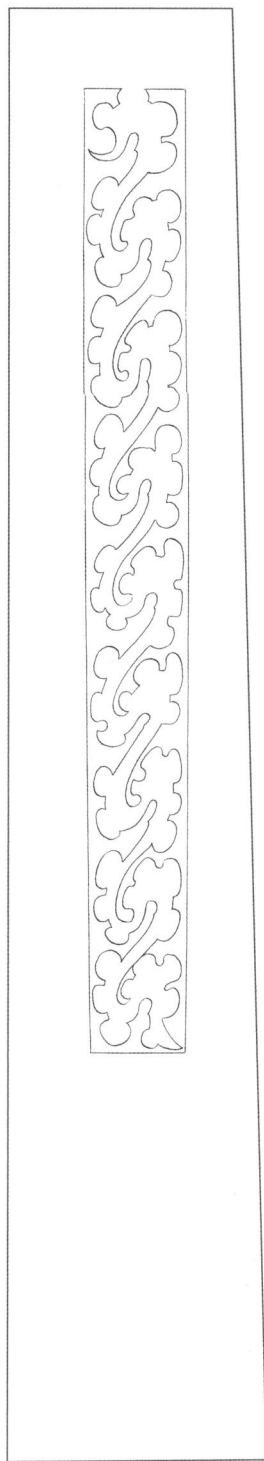

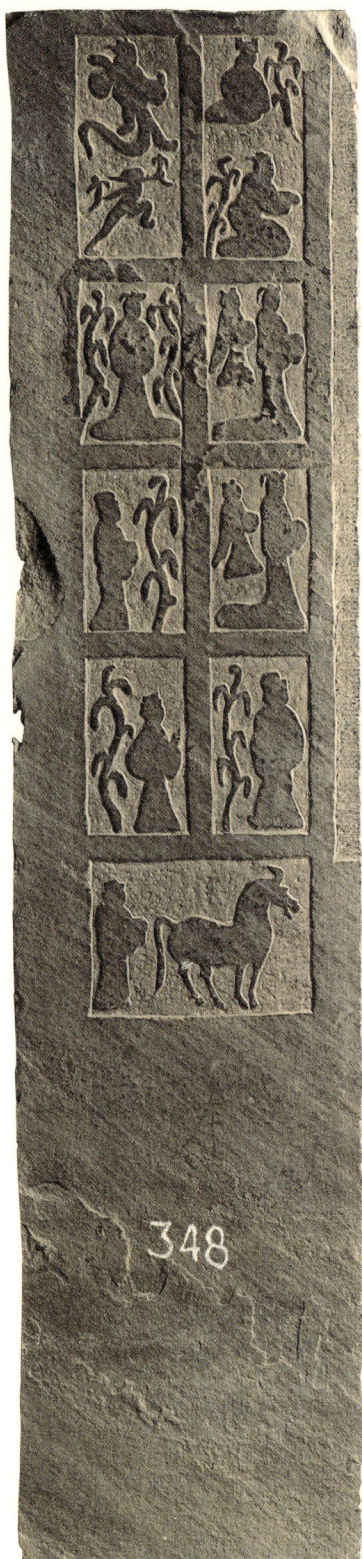

编号	SSX-SD-153-12
时代	东汉
原收藏号	2476-348
出土地	张家砭乡黄家塔
原石尺寸	149×36×7
画面尺寸	92×23
质地	砂岩
原石情况	正面、背面平整；上侧面平整，凿斜线；下、左侧面呈毛石状；右侧面靠正面处刻斜线，靠背面处呈毛石状。
所属墓群	黄家塔 M9
组合关系	左门柱，与横楣石、左、右边柱，右门柱为墓室前室东壁五石组合。
画面简述	画面分为上、下两格。上格分为内、外两栏。每栏各分四格。外栏第一格：人身蛇尾头戴山形冠神一手执规，是为伏羲。双手执瑞草的羽人。第二格：一妇人头梳垂髫髻，身着拖地长裙站立，身边有两株瑞草。第三格：一人戴冠着袍，袖手站立，面前一株瑞草。第四格：一人戴冠着袍站立，伸出一手作讲述状。内栏第一格：一妇人头戴胜仗，着袍坐于地上，另一人戴冠着袍跪于地上，作捧物进献状。两人身边均有瑞草。第二、三格：一妇人头梳垂髫髻，身着拖地长裙侧身站立，身后一小孩头梳双丫髻，着袍站立。第四格：一人戴冠着袍站立，身边有一株瑞草。下格一马伫立，一人立于马后，带帻巾着袍，袖手站立。
著录与文献	李林、康兰英、赵力光：《陕北汉代画像石》，西安：陕西人民出版社，1995 年，图 390；曹世玉总编：《绥德文库——汉画像石卷》，北京：中国文史出版社，2004 年，262 页，图 219。
出土/征集时间	1984 年出土
收藏地	绥德县博物馆

194

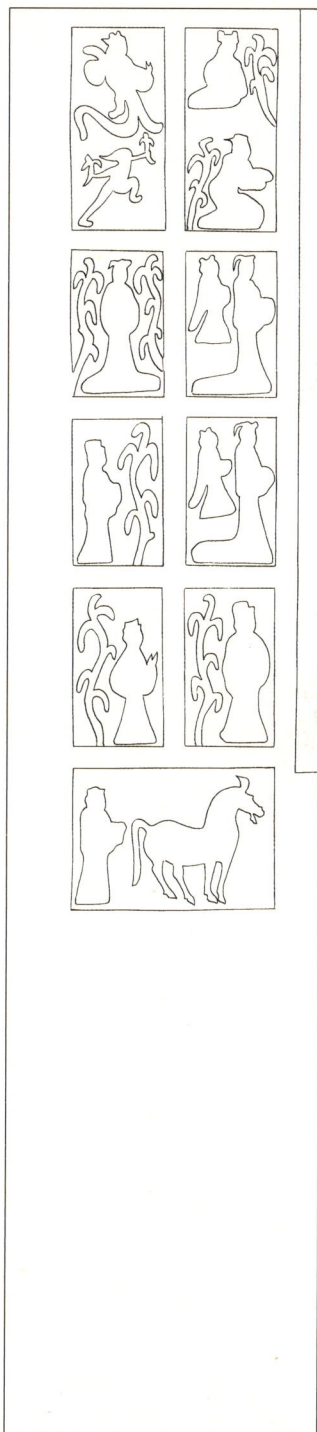

编号	SSX-SD-153-13
时代	东汉
原收藏号	2477-349
出土地	张家砭乡黄家塔
原石尺寸	146×34×5
画面尺寸	93×22
质地	砂岩
原石情况	正面、背面平整；上侧面平整，凿直纹和斜纹；下侧面、右侧面呈毛石状；左侧面平整，凿斜纹。
所属墓群	黄家塔 M9
组合关系	右门柱，与横楣石，左、右边柱，左门柱为墓室前室东壁五石组合。
画面简述	画面分为上、下两格。上格分为内、外两栏。每栏各分四格。外栏第一格：人身蛇尾神一手执矩，是为女娲。双手执瑞草的羽人。第二格：一妇人头梳垂髻髻，身着拖地长裙站立，身边有两株瑞草。第三格：一人戴冠着袍，袖手站立，面前一株瑞草。第四格：一人戴冠着袍站立，伸出一手作讲述状。内栏第一格：一人坐于几旁，另一人戴冠着袍跪于地上，作捧物进献状。面前有一株瑞草。第二格：一妇人头梳垂髻髻，身着拖地长裙侧身站立，身后一小孩头梳双丫髻，着袍站立。第三格：一妇人头梳垂髻髻，身着拖地长裙站立，身边有两株瑞草。第四格：一人戴冠着袍站立，身边有一株瑞草。下格一马伫立，一人立于马后，带帻巾着袍，袖手站立。
著录与文献	李林、康兰英、赵力光：《陕北汉代画像石》，西安：陕西人民出版社，1995 年，图 391；绥德汉画像石展览馆编，李贵龙、王建勤主编：《绥德汉代画像石》，西安：陕西人民美术出版社，2001 年，165 页，图 96；曹世玉总编：《绥德文库——汉画像石卷》，北京：中国文史出版社，2004 年，262 页，图 220。
出土/征集时间	1984 年出土
收藏地	绥德县博物馆

编号	SSX-SD-153-14
时代	东汉
原收藏号	2466-338
出土地	张家砭乡黄家塔
原石尺寸	264×41×7
画面尺寸	255×29
质地	砂岩
原石情况	原石断为四块，上边缘多处残损。正面、背面平整；上侧面呈毛石状；下、左、右侧面平整，凿斜纹。
所属墓群	黄家塔 M9
组合关系	横楣石，与左、右边柱、左、右门柱、中柱石为墓室前室南壁六石组合。
画面简述	画面分为内、外两栏。外栏为卷云纹。内栏为灵禽瑞兽图。左、右两端分别刻画人身蛇尾的伏羲女娲。画面从左至右为飞鸟、九头人面兽（？）、青龙、奔马、麒麟、人面鸟、面柱两只朱雀相对伫立、翼龙、独角有翼鹿形怪兽、玉兔捣药、羽人持献瑞草。图像间补白瑞草。
著录与文献	李林、康兰英、赵力光：《陕北汉代画像石》，西安：陕西人民出版社，1995年，图395；绥德汉画像石展览馆编，李贵龙、王建勤主编：《绥德汉代画像石》，西安：陕西人民美术出版社，2001年，134页，图72；曹世玉总编：《绥德文库——汉画像石卷》，北京：中国文史出版社，2004年，322页，图291。
出土/征集时间	1984年出土
收藏地	绥德县博物馆

编号	SSX-SD-153-15
时代	东汉
原收藏号	2467-339
出土地	张家砭乡黄家塔
原石尺寸	144×45×8
画面尺寸	91×26
质地	砂岩
原石情况	原石断为两截。正面,背面平整;下侧面呈毛石状;上侧面、右侧面平整,凿斜纹;左侧面靠正面2.5厘米处平整,凿斜纹,靠背面处呈毛石状。
所属墓群	黄家塔 M9
组合关系	左边柱,与横楣石,右边柱,左、右门柱,中柱石为墓室前室南壁六石组合。
画面简述	卷云纹。
著录与文献	未发表
出土/征集时间	1984 年出土
收藏地	绥德县博物馆

SSX-SD-153-14（局部）

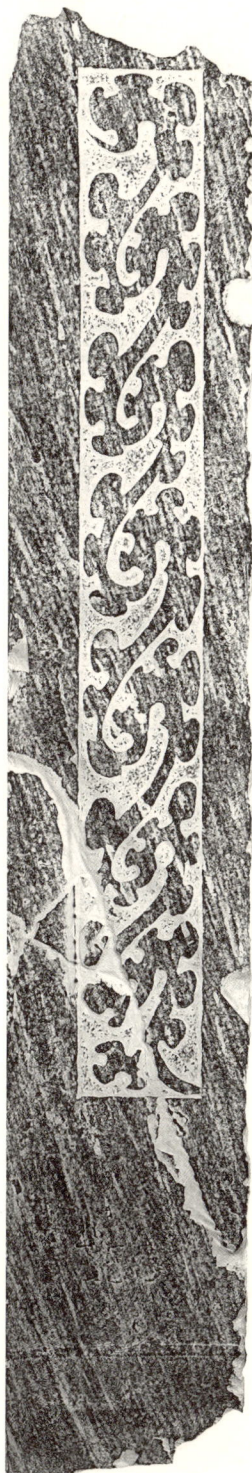

编号	SSX-SD-153-16
时代	东汉
原收藏号	2469-341
出土地	张家砭乡黄家塔
原石尺寸	116×44×7
画面尺寸	110×33
质地	砂岩
原石情况	原石断为两截，左下角残缺。正面、背面、上侧面平整，下侧面为断面，左、右侧面呈毛石状。
所属墓群	黄家塔 M9
组合关系	右边柱，与横楣石，左边柱，左、右门柱，中柱石为墓室前室南壁六石组合。
画面简述	卷云纹。
著录与文献	未发表
出土/征集时间	1984 年出土
收藏地	绥德县博物馆

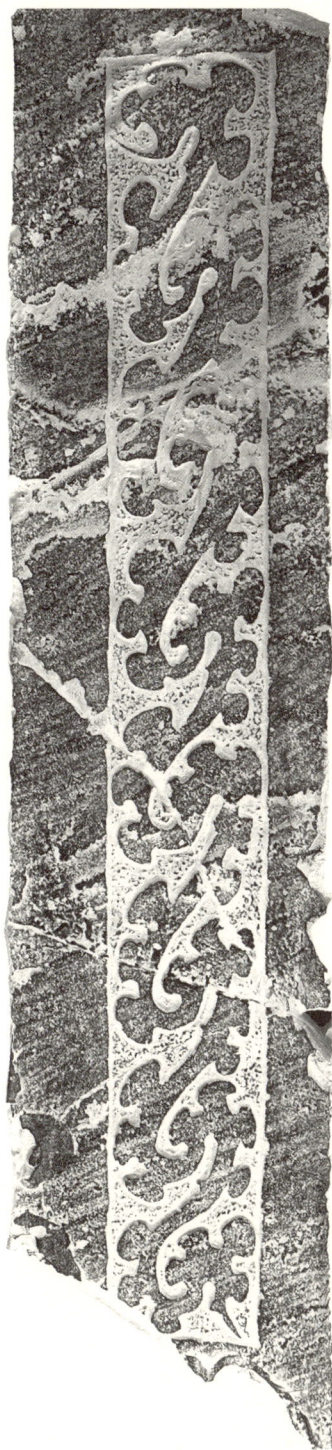

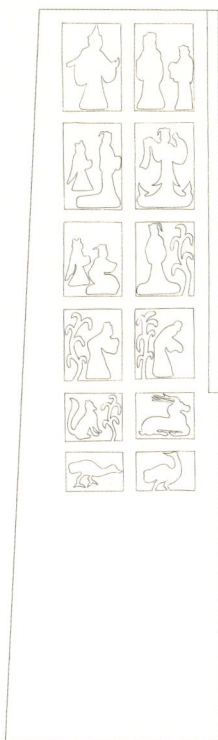

编号	SSX-SD-153-17
时代	东汉
原收藏号	2481-353
出土地	张家砭乡黄家塔
原石尺寸	140×24×5
画面尺寸	95×12
质地	砂岩
原石情况	正面、背面平整，上、右侧面平整，下、左侧面呈毛石状。
所属墓群	黄家塔 M9
组合关系	左门柱，与横楣石，左、右边柱，右门柱，中柱石为墓室前室南壁六石组合。
画面简述	画面分为内、外两栏。均自上而下分为六格。左、右两栏第一至第四格两栏画面内容相关联。第一格：左格一人头带通天冠，身着长袍，面向对面的两人，似在讲述。右格两人戴冠着袍，面向讲述人拱手站立，似在恭听。第二格：右格一舞伎头梳垂髻髻，身着袿衣，面右挥袖而舞。左格一妇人梳垂髻髻，身着拖地长裙，面舞伎拱手站立，身后一小孩头梳双丫髻，着袍站立，都在观看舞蹈表演。第三格：右格一妇人梳垂髻髻，身着拖地长裙正面站立，左格一妇人跪拜，身后有小孩站立。第四格：左、右两格各有一人戴冠着袍，向右躬身揖拜，身后均有瑞草生长。第五格：左格为蹲犬，右格为卧鹿。第六格：左、右格两鸡前后呼应。
著录与文献	曹世玉总编：《绥德文库——汉画像石卷》，北京：中国文史出版社，2004 年，279 页，图 238。
出土/征集时间	1984 年出土
收藏地	绥德县博物馆

340

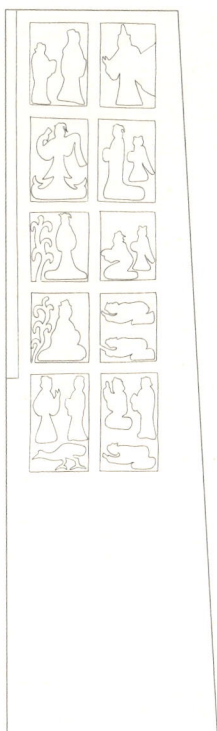

编号	SSX-SD-153-18
时代	东汉
原收藏号	2468-340
出土地	张家砭乡黄家塔
原石尺寸	148×45×7
画面尺寸	92×26
质地	砂岩
原石情况	原石断为数块。正面、背面平整；下侧面呈毛石状；上侧面平整，凿斜纹；左侧面平整，凿斜纹；右侧面呈毛石状。
所属墓群	黄家塔 M9
组合关系	右门柱，与横楣石，左、右边柱，左门柱，中柱石为墓室前室南壁六石组合。
画面简述	画面分为左、右两栏。均自上而下分为五格。第一至第四格两栏画面内容相关联。第一格：右格一人头戴通天冠，着袍面右站立，作讲述状。左格两人戴冠着袍面对讲述者袖手恭立，似在聆听。第二格：左一舞伎头梳垂髻髻，身着袿衣，挥袖而舞。右格一妇人头梳垂髻髻，身着拖地长裙，袖手站立，似在观看。身后一小孩头梳双丫髻，着袍站立。第四格：左一人戴冠着袍，面右正襟危坐，右格两人戴冠着袍手捧简牍，匍匐于地，恭敬拜谒。第五格：左格两人对面站立，左一人伸手作讲述状，右一人袖手聆听，填刻一鸡。右格一人跪地，一人匍匐于地，一人端立，均捧简牍，作拜谒状。
著录与文献	绥德汉画像石展览馆编，李贵龙、王建勤主编：《绥德汉代画像石》，西安：陕西人民美术出版社，2001年，173页，图104；曹世玉总编：《绥德文库——汉画像石卷》，北京：中国文史出版社，2004年，279页，图239。
出土/征集时间	1984 年出土
收藏地	绥德县博物馆

209

编号	SSX-SD-110-01
时代	东汉
原收藏号	不详
出土地	义合镇大圿梁
原石尺寸	144×45
画面尺寸	不详
质地	砂岩
原石情况	正面平整，石面部分有剥蚀。
所属墓群	不详
组合关系	左门柱，与右门柱为二石组合。
画面简述	画面正中为覆盆式柱础、柱、四层斗栱。立柱两边各分上、下两格。左、右上格分别为龙、虎直立。左下格雕花鼓座上置一建鼓，上饰流苏羽葆。一人执勾铲和箕，作清扫垃圾状。一犬作吠叫状。右下格一门吏戴平巾帻，着长襦大袴，拥彗面右而立。
著录与文献	陕西省博物馆、陕西省文物管理委员会合编：《陕北东汉画像石刻选集》，北京：文物出版社，1959 年，72 页，图 64；李林、康兰英、赵力光：《陕北汉代画像石》，西安：陕西人民出版社，1995 年，图 562；绥德汉画像石展览馆编，李贵龙、王建勤主编：《绥德汉代画像石》，西安：陕西人民美术出版社，2001 年，187 页，图 118；曹世玉总编：《绥德文库——汉画像石卷》，北京：中国文史出版社，2004 年，417 页，图 380。
出土/征集时间	1956 年征集
收藏地	西安碑林博物馆

编号	SSX-SD-110-02
时代	东汉
原收藏号	不详
出土地	义合镇大圿梁
原石尺寸	147×39
画面尺寸	不详
质地	砂岩
原石情况	正面平整。
所属墓群	不详
组合关系	右门柱，与左门柱为二石组合。
画面简述	画面正中为覆盆式柱础、柱、四层斗栱。立柱两边各分上下两格。左、右上格分别为龙、虎直立。右下格雕花鼓座上置一建鼓，上饰流苏羽葆。一人执勾铲和箕，作清扫垃圾状。一犬作吠叫状。左下格一门吏戴平巾帻，着长襦大袴，持棨戟面左而立。
著录与文献	陕西省博物馆、陕西省文物管理委员会合编：《陕北东汉画像石刻选集》，北京：文物出版社，1959 年，72 页，图 65；李林、康兰英、赵力光：《陕北汉代画像石》，西安：陕西人民出版社，1995 年，图 563；绥德汉画像石展览馆编，李贵龙、王建勤主编：《绥德汉代画像石》，西安：陕西人民美术出版社，2001 年，187 页，图 118；曹世玉总编：《绥德文库——汉画像石卷》，北京：中国文史出版社，2004 年，417 页，图 381。
出土/征集时间	1956 年征集
收藏地	西安碑林博物馆

编号	SSX-SD-111-01
时代	东汉
原收藏号	不详
出土地	义合镇大坬梁
原石尺寸	149×52
画面尺寸	不详
质地	砂岩
原石情况	正面平整，石面有多处剥蚀。
所属墓群	不详
组合关系	左门柱，与右门柱为二石组合。
画面简述	画面正中为覆盆式柱础、柱、四层斗栱。立柱左、右两边各分上、下两格。左上格为羽人、盘角羊、卧鹿。左下格为鸡、鸭、蹲犬；右上格一人戴冠着袍，捧简牍面门恭立，右上角一猿攀爬。右下格一门吏戴平巾帻，着长襦大袴，拥彗面门而立。
著录与文献	陕西省博物馆、陕西省文物管理委员会合编：《陕北东汉画像石刻选集》，北京：文物出版社，1959年，73页，图66；李林、康兰英、赵力光：《陕北汉代画像石》，西安：陕西人民出版社，1995年，图560；曹世玉总编：《绥德文库——汉画像石卷》，北京：中国文史出版社，2004年，479页，图440。
出土/征集时间	1956年征集
收藏地	西安碑林博物馆

编号	SSX-SD-111-02
时代	东汉
原收藏号	不详
出土地	义合镇大坬梁
原石尺寸	145×55
画面尺寸	不详
质地	砂岩
原石情况	正面平整，石面下部剥蚀严重。
所属墓群	不详
组合关系	右门柱，与左门柱为二石组合。
画面简述	画面正中为覆盆式柱础、柱、四层斗栱。立柱左、右两边各分上、下两格。右上格为羽人、盘角羊、卧鹿。右下格为鸡、鸭、蹲犬。左上格一人戴冠着袍，捧简牍面门恭立，左上角一猿攀爬。左下格一门吏戴平巾帻，着长襦大袴，执棨戟面门而立。
著录与文献	陕西省博物馆、陕西省文物管理委员会合编：《陕北东汉画像石刻选集》，北京：文物出版社，1959年，73页，图67；李林、康兰英、赵力光：《陕北汉代画像石》，西安：陕西人民出版社，1995年，图561；曹世玉总编：《绥德文库——汉画像石卷》，北京：中国文史出版社，2004年，479页，图441。
出土/征集时间	1956年征集
收藏地	西安碑林博物馆

编号	SSX-SD-112
时代	东汉
原收藏号	不详
出土地	义合镇大坬梁
原石尺寸	236×43
画面尺寸	不详
质地	砂岩
原石情况	正面平整，其余侧面不详。
所属墓群	不详
组合关系	不详
画面简述	画面分为内、外两栏。外栏为车骑行进图。画面中一辆辎车、一辆轺车行进。辎车前两徒手骑吏前导，一徒手骑吏从卫。轺车前一荷棨戟导骑，后有执弓箭骑吏从卫。之后是另一辆车的荷棨戟导骑。内栏为灵禽瑞兽图。有翼龙、独角有翼犀牛形怪兽、麒麟、朱雀、飞鸟、奔兔。
著录与文献	
出土/征集时间	1956 年征集
收藏地	西安碑林博物馆

编号	SSX-SD-113
时代	东汉
原收藏号	不详
出土地	义合镇大坬梁
原石尺寸	63×47
画面尺寸	不详
质地	砂岩
原石情况	原石左、右段残佚，正面平整，左、右侧面为断面。
所属墓群	不详
组合关系	不详
画面简述	画面分为上、下两栏。上栏为卷云纹。下栏为车骑行进图，画面可见两辆轺车、两执弓箭骑吏。
著录与文献	陕西省博物馆、陕西省文物管理委员会合编：《陕北东汉画像石刻选集》，北京：文物出版社，1959 年，70 页，图 41。
出土/征集时间	1956 年征集
收藏地	西安碑林博物馆

编号	SSX-SD-114
时代	东汉
原收藏号	不详
出土地	义合镇大圪梁
原石尺寸	105×52
画面尺寸	不详
质地	砂岩
原石情况	正面平整。
所属墓群	不详
组合关系	不详
画面简述	朱雀、铺首、独角兽。铺首的眼睛阴线刻画，口腔阴刻。
著录与文献	陕西省博物馆、陕西省文物管理委员会合编：《陕北东汉画像石刻选集》，北京：文物出版社，1959 年，74 页，图 68。
出土/征集时间	1956 年征集
收藏地	西安碑林博物馆

编号	SSX-SD-115
时代	东汉
原收藏号	不详
出土地	义合镇大圪梁
原石尺寸	118×35
画面尺寸	不详
质地	砂岩
原石情况	原石右段残佚，正面平整。
所属墓群	不详
组合关系	不详
画面简述	画面由半菱形、〰形纹、菱形、绶带穿璧纹分层组成几何纹图案。右上应为原石中段，填刻二龙戏珠。（原石残失右段，右龙仅见龙首）
著录与文献	李林、康兰英、赵力光：《陕北汉代画像石》，西安：陕西人民出版社，1995 年，图 486。
出土/征集时间	1992 年征集
收藏地	西安碑林博物馆

编号	SSX-SD-116-01
时代	东汉
原收藏号	不详
出土地	义合镇贺家沟
原石尺寸	190×39
画面尺寸	不详
质地	砂岩
原石情况	正面、背面平整，上侧面平整，左、右侧面呈毛石状。
所属墓群	不详
组合关系	横楣石，与左、右门柱为三石组合。
画面简述	画面分内、外两栏。外栏为卷云鸟兽纹。卷云间穿插鹿、羽人、狐、羽人拽怪兽尾、怪兽衔虎尾、山羊、玉兔捣药。内栏左右两边为瑞兽图。有卧鹿、奔马、狩猎、翼龙、独角有翼犀牛形怪兽。中间有两猎手围射奔逃的野兔。
著录与文献	赵力光：《绥德贺家沟新出汉画像石——兼考人面鸟身为青鸟》，载《考古与文物》，2005 年第 5 期，56-59 页。
出土/征集时间	2003 年征集
收藏地	西安碑林博物馆

编号	SSX-SD-116-02
时代	东汉
原收藏号	不详
出土地	义合镇贺家沟
原石尺寸	123×35
画面尺寸	不详
质地	砂岩
原石情况	正面、背面平整，上、下侧面平整，左侧面呈毛石状，右侧面平整。
所属墓群	不详
组合关系	左门柱，与横楣石、右门柱为三石组合。
画面简述	画面分为上、下两格。上格分为内、外两栏。外栏为卷云鸟兽纹，卷云间穿插羽人曳怪兽尾、怪兽衔虎尾、鹿、山羊、朱鸟等，与横楣石外栏卷云鸟兽纹衔接。内栏上为西王母头戴胜仗，着袍端坐于仙山神树之巅，左右有羽人、玉兔跪侍。树干间有鹿、狐、飞鸟、瑞草。下为一门史，戴平巾帻，着长襦大袴，拥彗面门而立。下格为博山炉。
著录与文献	赵力光：《绥德贺家沟新出汉画像石——兼考人面鸟身为青鸟》，载《考古与文物》，2005 年第 5 期，56-59 页。
出土/征集时间	2003 年征集
收藏地	西安碑林博物馆

编号	SSX-SD-116-03
时代	东汉
原收藏号	不详
出土地	义合镇贺家沟
原石尺寸	123×35
画面尺寸	不详
质地	砂岩
原石情况	正面、背面，上、下、左侧面平整；右侧面呈毛石状。
所属墓群	不详
组合关系	右门柱，与横楣石，左门柱为三石组合。
画面简述	画面分为上、下两格。上格分为内、外两栏。外栏为卷云鸟兽纹，卷云间穿插羽人曳怪兽尾、怪兽衔虎尾、鹿、山羊、朱鸟等，与横楣石外栏卷云鸟兽纹衔接。内栏上为西王母头戴胜仗，着袍端坐于仙山神树之巅，左右有羽人、玉兔跪伺。树干间有鹿、狐、飞鸟、瑞草。下为一门吏，戴平巾帻，着长襦大袴，拥彗面门而立。下格为博山炉。
著录与文献	赵力光：《绥德贺家沟新出汉画像石——兼考人面鸟身为青鸟》，载《考古与文物》，2005年第5期，56-59页。
出土/征集时间	2003年征集
收藏地	西安碑林博物馆
备注	左、右门柱使用同一模板制作。

编号	SSX-SD-117-01
时代	东汉
原收藏号	不详
出土地	义合镇后思家沟快华岭板佛寺
原石尺寸	116.5×36.8
画面尺寸	不详
质地	砂岩
原石情况	正面平整。
所属墓群	不详
组合关系	左门柱，与右门柱为二石组合。
画面简述	画面分为内、外两栏。外栏为卷云纹。内栏分为三格。上格为东王公端坐于神树之上，左、右有羽人、玉兔跪侍。树干间有狐、鹿、飞鸟、瑞草。中格为柿蒂纹。下格一门吏戴平巾帻，着长襦、灯笼裤，长袖下垂，持棨戟面门而立。
著录与文献	陕西省博物馆、陕西省文物管理委员会合编：《陕北东汉画像石刻选集》，北京：文物出版社，1959年，63页，图53；李林、康兰英、赵力光：《陕北汉代画像石》，西安：陕西人民出版社，1995年，图488；绥德汉画像石展览馆编，李贵龙、王建勤主编：《绥德汉代画像石》，西安：陕西人民美术出版社，2001年，162页，图93；曹世玉总编：《绥德文库——汉画像石卷》，北京：中国文史出版社，2004年，400页，图364。
出土/征集时间	1956年征集
收藏地	西安碑林博物馆

编号	SSX-SD-117-02
时代	东汉
原收藏号	不详
出土地	义合镇后思家沟快华岭板佛寺
原石尺寸	117×37
画面尺寸	不详
质地	砂岩
原石情况	正面平整。
所属墓群	不详
组合关系	右门柱，与左门柱为二石组合。
画面简述	画面分为内、外两栏。外栏为卷云纹。内栏分为三格。上格为西王母头戴胜仗，端坐于神树之上，左、右有羽人跪侍。树干间有狐、鹿、飞鸟、瑞草。中格为柿蒂纹。下格一门吏戴平巾帻，着长襦、灯笼裤，长袖下垂，拥彗面门而立。
著录与文献	李林、康兰英、赵力光：《陕北汉代画像石》，西安：陕西人民出版社，1995年，图489；绥德汉画像石展览馆编，李贵龙、王建勤主编：《绥德汉代画像石》，西安：陕西人民美术出版社，2001年，162页，图93；曹世玉总编：《绥德文库——汉画像石卷》，北京：中国文史出版社，2004年，400页，图365。
出土/征集时间	1956年征集
收藏地	西安碑林博物馆

编号	SSX-SD-118-01
时代	东汉
原收藏号	不详
出土地	义合镇后思家沟快华岭板佛寺
原石尺寸	113×36
画面尺寸	不详
质地	砂岩
原石情况	正面平整。
所属墓群	不详
组合关系	左门柱，与右门柱为二石组合。
画面简述	画面分为上、下两格。上格分为内、外两栏。外栏为卷云鸟兽纹。卷云间穿插羽人扶瑞草、飞鸟、虎、鹿、羽人持瑞草戏兽、羽人拽怪兽尾、怪兽衔虎尾。内栏上为西王母头戴胜仗，端坐于神树之上。树干间有狐、鹿、飞鸟、瑞草。下一门吏戴平巾帻，着长襦大袴，拥彗面门而立。下格为博山炉。炉身边缘、炉盖均以阴线刻画半椭圆形、菱形图案，显示出炉盖与炉身分离的界限以及炉盖散发香气的镂孔。
著录与文献	陕西省博物馆、陕西省文物管理委员会合编：《陕北东汉画像石刻选集》，北京：文物出版社，1959年，65页，图56；李林、康兰英、赵力光：《陕北汉代画像石》，西安：陕西人民出版社，1995年，图490；绥德汉画像石展览馆编，李贵龙、王建勤主编：《绥德汉代画像石》，西安：陕西人民美术出版社，2001年，160页，图91；曹世玉总编：《绥德文库——汉画像石卷》，北京：中国文史出版社，2004年，447页，图409。
出土/征集时间	1956年征集
收藏地	西安碑林博物馆

编　号	SSX-SD-118-02
时　代	东汉
原收藏号	不详
出土地	义合镇后思家沟快华岭板佛寺
原石尺寸	114×36
画面尺寸	不详
质　地	砂岩
原石情况	正面平整。
所属墓群	不详
组合关系	右门柱，与左门柱为二石组合。
画面简述	画面分为上、下两格。上格分为内、外两栏。外栏为卷云鸟兽纹。卷云间穿插羽人扶瑞草、飞鸟、虎、鹿、羽人持瑞草戏兽、羽人拽怪兽尾、怪兽衔虎尾。内栏上为西王母头戴胜仗，端坐于神树之上。树干间有狐、鹿、飞鸟、瑞草。下一门吏戴平巾帻，着长襦大袴，拥彗面门而立。下格为博山炉。炉身边缘、炉盖均以阴线刻画半椭圆形、菱形图案，显示出炉盖与炉身分离的界限以及炉盖散发香气的镂孔。
著录与文献	陕西省博物馆、陕西省文物管理委员会合编：《陕北东汉画像石刻选集》，北京：文物出版社，1959 年，64 页，图 55；李林、康兰英、赵力光：《陕北汉代画像石》，西安：陕西人民出版社，1995 年，图 491；曹世玉总编：《绥德文库——汉画像石卷》，北京：中国文史出版社，2004 年，447 页，图 410。
出土/征集时间	1956 年征集
收藏地	西安碑林博物馆
备　注	左、右门柱使用同一模板制作。

编　号	SSX-SD-119
时　代	东汉
原收藏号	不详
出土地	义合镇后思家沟快华岭板佛寺
原石尺寸	116×38
画面尺寸	不详
质　地	砂岩
原石情况	正面平整。
所属墓群	不详
组合关系	不详
画面简述	画面分为上、下两格。上格分为内、外两栏。外栏为卷云纹。内栏为西王母（东王公？）端坐于神树之上，树干间有狐、鹿、飞鸟、瑞草。下一门吏戴平巾帻，着长襦大袴，持棨戟面门而立。下格为玄武。
著录与文献	陕西省博物馆、陕西省文物管理委员会合编：《陕北东汉画像石刻选集》，北京：文物出版社，1959 年，64 页，图 54。
出土/征集时间	1956 年征集
收藏地	西安碑林博物馆

编号	SSX-SD-120-01
时代	东汉
原收藏号	不详
出土地	义合镇后思家沟快华岭
原石尺寸	180×44
画面尺寸	不详
质地	砂岩
原石情况	正面平整。
所属墓群	不详
组合关系	门楣石，与左、右门柱，左、右门扉为墓门面五石组合。
画面简述	画面分为外、中、内三栏。外栏为半菱形组合的几何图案。中栏为︶形纹组合的几何图案。内栏为菱形组合的几何图案。
著录与文献	陕西省博物馆、陕西省文物管理委员会合编：《陕北东汉画像石刻选集》，北京：文物出版社，1959年，42页，图31；李林、康兰英、赵力光：《陕北汉代画像石》，西安：陕西人民出版社，1995年，图206；绥德汉画像石展览馆编，李贵龙、王建勤主编：《绥德汉代画像石》，西安：陕西人民美术出版社，2001年，81页，图36；曹世玉总编：《绥德文库——汉画像石卷》，北京：中国文史出版社，2004年，290页，图247。
出土/征集时间	1951年征集
收藏地	西安碑林博物馆

编号	SSX-SD-120-02
时代	东汉
原收藏号	不详
出土地	义合镇后思家沟快华岭
原石尺寸	109×34
画面尺寸	不详
质地	砂岩
原石情况	正面平整。
所属墓群	不详
组合关系	左门柱，与门楣石，右门柱，左、右门扉为墓门面五石组合。
画面简述	画面分上、下两格。上格画面分为外、中、内三栏。外栏为半菱形组合的几何图案。中栏为︶形纹组合的几何图案。内栏为菱形组合的几何图案，与门楣石图案连接。下格为玄武。
著录与文献	陕西省博物馆、陕西省文物管理委员会合编：《陕北东汉画像石刻选集》，北京：文物出版社，1959年，43页，图32；李林、康兰英、赵力光：《陕北汉代画像石》，西安：陕西人民出版社，1995年，图207；绥德汉画像石展览馆编，李贵龙、王建勤主编：《绥德汉代画像石》，西安：陕西人民美术出版社，2001年，81页，图36；曹世玉总编：《绥德文库——汉画像石卷》，北京：中国文史出版社，2004年，290页，图248。
出土/征集时间	1951年征集
收藏地	西安碑林博物馆

编号	SSX-SD-120-03
时代	东汉
原收藏号	不详
出土地	义合镇后思家沟快华岭
原石尺寸	109×34
画面尺寸	不详
质地	砂岩
原石情况	正面平整。
所属墓群	不详
组合关系	右门柱，与门楣石，左门柱，左、右门扉为墓门面五石组合。
画面简述	画面分上、下两格。上格画面分为外、中、内三栏。外栏为半菱形组合的几何图案。中栏为⌒形纹组合的几何图案。内栏为菱形组合的几何图案，与横楣石图案连接。下格为玄武。
著录与文献	陕西省博物馆、陕西省文物管理委员会合编：《陕北东汉画像石刻选集》，北京：文物出版社，1959年，43页，图33；李林、康兰英、赵力光：《陕北汉代画像石》，西安：陕西人民出版社，1995年，图210；绥德汉画像石展览馆编，李贵龙、王建勤主编：《绥德汉代画像石》，西安：陕西人民美术出版社，2001年，81页，图36；曹世玉总编：《绥德文库——汉画像石卷》，北京：中国文史出版社，2004年，290页，图251。
出土/征集时间	1951年征集
收藏地	西安碑林博物馆
备注	门楣石，左、右门柱的几何纹使用同一模板制作。

编号	SSX-SD-120-04
时代	东汉
原收藏号	不详
出土地	义合镇后思家沟快华岭
原石尺寸	119×51
画面尺寸	不详
质地	砂岩
原石情况	正面平整。
所属墓群	不详
组合关系	左门扉，与门楣石，左、右门柱，右门扉为墓门面五石组合。
画面简述	朱雀、铺首、虎。朱雀口内含丹。朱雀的眼睛、羽翅，铺首的眉、耳，虎的眼睛、耳朵，均用阴线刻画。铺首的口腔、眼睛阴刻。
著录与文献	陕西省博物馆、陕西省文物管理委员会合编：《陕北东汉画像石刻选集》，北京：文物出版社，1959年，44页，图34；李林、康兰英、赵力光：《陕北汉代画像石》，西安：陕西人民出版社，1995年，图208；绥德汉画像石展览馆编，李贵龙、王建勤主编：《绥德汉代画像石》，西安：陕西人民美术出版社，2001年，81页，图36；曹世玉总编：《绥德文库——汉画像石卷》，北京：中国文史出版社，2004年，290页，图249。
出土/征集时间	1951年征集
收藏地	西安碑林博物馆

编号	SSX-SD-120-05
时代	东汉
原收藏号	不详
出土地	义合镇后思家沟快华岭
原石尺寸	119×51
画面尺寸	不详
质地	砂岩
原石情况	正面平整。
所属墓群	不详
组合关系	右门扉，与门楣石，左、右门柱，左门扉为墓门面五石组合。
画面简述	朱雀、铺首、翼龙。朱雀口内含丹。朱雀的眼睛、羽翅，铺首的眉、耳，龙的眼睛、耳朵均用阴线刻画。铺首的口腔、眼睛阴刻。
著录与文献	陕西省博物馆、陕西省文物管理委员会合编：《陕北东汉画像石刻选集》，北京：文物出版社，1959 年，66 页，图 58；李林、康兰英、赵力光：《陕北汉代画像石》，西安：陕西人民出版社，1995 年，图 209；绥德汉画像石展览馆编，李贵龙、王建勤主编：《绥德汉代画像石》，西安：陕西人民美术出版社，2001 年，81 页，图 36；曹世玉总编：《绥德文库——汉画像石卷》，北京：中国文史出版社，2004 年，290 页，图 250。
出土/征集时间	1951 年征集
收藏地	西安碑林博物馆

编号	SSX-SD-124-01
时代	东汉
原收藏号	不详
出土地	义合镇后思家沟快华岭
原石尺寸	106×35
画面尺寸	不详
质地	砂岩
原石情况	正面平整。
所属墓群	快华岭 M1
组合关系	左门柱，与门楣石（散佚），右门柱，左、右门扉为墓门面四石组合。
画面简述	画面分为上、下两格。上格分为内、外两栏。外栏为卷云鸟兽纹。卷云中穿插熊、三角兽、羽人按虎头、鹿、朱鸟。内栏上为西王母（东王公？）端坐于神树之巅，左右有羽人、玉兔跪侍。树干间有狐、鹿、飞鸟、瑞草。下一门吏戴平巾帻，着长襦大袴，拥彗倚门而立。下格为博山炉，炉盘内有瑞草生长。
著录与文献	陕西省博物馆、陕西省文物管理委员会合编：《陕北东汉画像石刻选集》，北京：文物出版社，1959 年，56 页，图 45；李林、康兰英、赵力光：《陕北汉代画像石》，西安：陕西人民出版社，1995 年，图 197；曹世玉总编：《绥德文库——汉画像石卷》，北京：中国文史出版社，2004 年，442 页，图 400。
出土/征集时间	1956 年出土
收藏地	西安碑林博物馆

编号	SSX-SD-123
时代	东汉
原收藏号	不详
出土地	义合镇后思家沟快华岭
原石尺寸	107×49
画面尺寸	不详
质地	砂岩
原石情况	正面平整。
所属墓群	不详
组合关系	不详
画面简述	朱雀、铺首、独角兽。
著录与文献	李林、康兰英、赵力光：《陕北汉代画像石》，西安：陕西人民出版社，1995 年，图605；曹世玉总编：《绥德文库——汉画像石卷》，北京：中国文史出版社，2004 年，495 页，图 460。
出土/征集时间	1951 年征集
收藏地	西安碑林博物馆

编号	SSX-SD-124-02
时代	东汉
原收藏号	不详
出土地	义合镇后思家沟快华岭
原石尺寸	106×34
画面尺寸	不详
质地	砂岩
原石情况	正面平整。
所属墓群	快华岭 M1
组合关系	右门柱，与门楣石（散佚），左门柱，左、右门扉为墓门面四石组合。
画面简述	画面分为上、下两格。上格分为内、外两栏。外栏为卷云鸟兽纹。卷云中穿插熊、三角兽、羽人按虎头、鹿、朱鸟。内栏上为西王母（东王公？）端坐于神树之巅，左右有羽人、玉兔跪侍。树干间有狐、鹿、飞鸟、瑞草。下一门吏戴平巾帻，着长襦大袴，拥彗面门而立。下格为博山炉，炉盘内有瑞草生长。
著录与文献	陕西省博物馆、陕西省文物管理委员会合编：《陕北东汉画像石刻选集》，北京：文物出版社，1959 年，56 页，图 46；李林、康兰英、赵力光：《陕北汉代画像石》，西安：陕西人民出版社，1995 年，图 200；曹世玉（总编）：《绥德文库——汉画像石卷》，北京：中国文史出版社，2004 年，443 页，图 403。
出土/征集时间	1956 年出土
收藏地	西安碑林博物馆
备注	左、右门柱使用同一模板制作。

编号	SSX-SD-124-03
时代	东汉
原收藏号	不详
出土地	义合镇后思家沟快华岭
原石尺寸	111×51
画面尺寸	不详
质地	砂岩
原石情况	正面平整，余面不详。
所属墓群	快华岭 M1
组合关系	左门扉，与门楣石（散佚），左、右门柱，右门扉为墓门面四石组合。
画面简述	朱雀、铺首、虎。虎身后有一鸟（？）。朱雀的眼睛，铺首的五官，虎的眼睛、口齿均用阴线刻画。铺首的口腔阴刻。
著录与文献	陕西省博物馆、陕西省文物管理委员会合编：《陕北东汉画像石刻选集》，北京：文物出版社，1959 年，57 页，图 47；李林、康兰英、赵力光：《陕北汉代画像石》，西安：陕西人民出版社，1995 年，图 198；曹世玉总编：《绥德文库——汉画像石卷》，北京：中国文史出版社，2004 年，442 页，图 401。
出土/征集时间	1956 年出土
收藏地	西安碑林博物馆

编号	SSX-SD-124-04
时代	东汉
原收藏号	不详
出土地	义合镇后思家沟快华岭
原石尺寸	111×51
画面尺寸	不详
质地	砂岩
原石情况	正面平整，余面不详。
所属墓群	快华岭 M1
组合关系	右门扉，与门楣石（散佚），左、右门柱，左门扉为墓门面四石组合。
画面简述	朱雀、铺首、翼龙。翼龙身后有一盘角羊抬一腿站立。朱雀、龙、羊的眼睛，铺首的五官，均用阴线刻画。铺首的口腔阴刻。
著录与文献	陕西省博物馆、陕西省文物管理委员会合编：《陕北东汉画像石刻选集》，北京：文物出版社，1959 年，57 页，图 48；李林、康兰英、赵力光：《陕北汉代画像石》，西安：陕西人民出版社，1995 年，图 199；曹世玉总编：《绥德文库——汉画像石卷》，北京：中国文史出版社，2004 年，443 页，图 402。
出土/征集时间	1956 年出土
收藏地	西安碑林博物馆

编号	SSX-SD-125-01
时代	东汉
原收藏号	不详
出土地	义合镇后思家沟快华岭
原石尺寸	196×30
画面尺寸	不详
质地	砂岩
原石情况	正面平整，右侧面呈毛石状。
所属墓群	快华岭 M2
组合关系	门楣石，与左、右门柱，左、右门扉为墓门面五石组合。
画面简述	画面分为内、外两栏。外栏为卷云纹。内栏为车骑行进图。共有五辆轺车，在七名骑吏的导从下飞奔。
著录与文献	陕西省博物馆、陕西省文物管理委员会合编：《陕北东汉画像石刻选集》，北京：文物出版社，1959 年，58 页，图 49；李林、康兰英、赵力光：《陕北汉代画像石》，西安：陕西人民出版社，1995 年，图 201；绥德汉画像石展览馆编，李贵龙、王建勤主编：《绥德汉代画像石》，西安：陕西人民美术出版社，2001 年，47 页，图 20；曹世玉总编：《绥德文库——汉画像石卷》，北京：中国文史出版社，2004 年，294 页，图 252。
出土/征集时间	1956 年出土
收藏地	西安碑林博物馆

编号	SSX-SD-125-02
时代	东汉
原收藏号	不详
出土地	义合镇后思家沟快华岭
原石尺寸	126×30
画面尺寸	不详
质地	砂岩
原石情况	正面平整。
所属墓群	快华岭 M2
组合关系	左门柱，与门楣石，右门柱，左、右门扉为墓门面五石组合。
画面简述	画面分为上、下两格。上格分为内、外两栏。外栏为卷云纹。内栏为一蓬发细腰神人端坐神树之上，树干间有虎、鹿等动物。一神怪跪于地。下格一门吏戴冠着袍，执彗面门而立。
著录与文献	李林、康兰英、赵力光：《陕北汉代画像石》，西安：陕西人民出版社，1995 年，图 202；绥德汉画像石展览馆编、李贵龙、王建勤主编：《绥德汉代画像石》，西安：陕西人民美术出版社，2001 年，47 页，图 20；曹世玉总编：《绥德文库——汉画像石卷》，北京：中国文史出版社，2004 年，294 页，图 253。
出土/征集时间	1956 年出土
收藏地	西安碑林博物馆

编号	SSX-SD-125-03
时代	东汉
原收藏号	不详
出土地	义合镇后思家沟快华岭
原石尺寸	126×30
画面尺寸	不详
质地	砂岩
原石情况	正面平整。
所属墓群	快华岭 M2
组合关系	右门柱，与门楣石、左门柱、左、右门扉为墓门面五石组合。
画面简述	画面分为上、下两格。上格分为内、外两栏。外栏为卷云纹。内栏为头戴山形帽、肩背生翼的神怪侧坐神树之上，树干间有虎、鹿等多种动物。下格一门吏戴冠着袍，胡须飘拂，袖手面门而立。
著录与文献	陕西省博物馆、陕西省文物管理委员会合编：《陕北东汉画像石刻选集》，北京：文物出版社，1959 年，59 页，图 50；李林、康兰英、赵力光：《陕北汉代画像石》，西安：陕西人民出版社，1995 年，图 205；绥德汉画像石展览馆编，李贵龙、王建勤主编：《绥德汉代画像石》，西安：陕西人民美术出版社，2001 年，47 页，图 20；曹世玉总编：《绥德文库——汉画像石卷》，北京：中国文史出版社，2004 年，294 页，图 256。
出土/征集时间	1956 年出土
收藏地	西安碑林博物馆

编号	SSX-SD-125-04
时代	东汉
原收藏号	不详
出土地	义合镇后思家沟快华岭
原石尺寸	125×50
画面尺寸	不详
质地	砂岩
原石情况	原石断为两截，中段右边残损，正面平整。
所属墓群	快华岭 M2
组合关系	左门扉，与门楣石、左、右门柱、右门扉为墓门面五石组合。
画面简述	朱雀、铺首、独角兽。
著录与文献	陕西省博物馆、陕西省文物管理委员会合编：《陕北东汉画像石刻选集》，北京：文物出版社，1959 年，60 页，图 51；李林、康兰英、赵力光：《陕北汉代画像石》，西安：陕西人民出版社，1995 年，图 203；绥德汉画像石展览馆编，李贵龙、王建勤主编：《绥德汉代画像石》，西安：陕西人民美术出版社，2001 年，47 页，图 20；曹世玉总编：《绥德文库——汉画像石卷》，北京：中国文史出版社，2004 年，294 页，图 254。
出土/征集时间	1956 年出土
收藏地	西安碑林博物馆

编号	SSX-SD-125-05
时代	东汉
原收藏号	不详
出土地	义合镇后思家沟快华岭
原石尺寸	不详
画面尺寸	不详
质地	砂岩
原石情况	原石上段残佚，正面平整。
所属墓群	快华岭 M2
组合关系	右门扉，与门楣石，左、右门柱，左门扉为墓门面五石组合。
画面简述	朱雀、铺首、独角兽。
著录与文献	李林、康兰英、赵力光：《陕北汉代画像石》，西安：陕西人民出版社，1995 年，图 204；绥德汉画像石展览馆编，李贵龙、王建勤主编：《绥德汉代画像石》，西安：陕西人民美术出版社，2001 年，47 页，图 20；曹世玉总编：《绥德文库——汉画像石卷》，北京：中国文史出版社，2004 年，294 页，图 255。
出土/征集时间	1956 年出土
收藏地	西安碑林博物馆

编号	SSX-SD-126
时代	东汉
原收藏号	不详
出土地	义合镇后思家沟快华岭
原石尺寸	宽 39
画面尺寸	不详
质地	砂岩
原石情况	原石右段残佚，正面平整。
所属墓群	快华岭 M4
组合关系	不详
画面简述	原石残失严重，可见图像有奔马、执弓箭骑吏、张弓猎手、马车、瑞草。
著录与文献	陕西省博物馆、陕西省文物管理委员会合编：《陕北东汉画像石刻选集》，北京：文物出版社，1959 年，61 页，图 52。
出土/征集时间	1956 年出土
收藏地	西安碑林博物馆

编号	SSX-SD-127
时代	东汉
原收藏号	不详
出土地	义合镇后思家沟快华岭
原石尺寸	108×50
画面尺寸	不详
质地	砂岩
原石情况	正面平整。
所属墓群	不详
组合关系	不详
画面简述	朱雀、铺首、青龙。铺首的眼睛、口腔用阴、阳刻结合的手法。
著录与文献	李林、康兰英、赵力光：《陕北汉代画像石》，西安：陕西人民出版社，1995 年，图 594；曹世玉总编《绥德文库——汉画像石卷》，北京：中国文史出版社，2004 年，496 页，图 461。
出土/征集时间	不详
收藏地	西安碑林博物馆

编号	SSX-SD-128-01
时代	东汉
原收藏号	不详
出土地	义合镇后思家沟
原石尺寸	181×38
画面尺寸	不详
质地	砂岩
原石情况	原石断为两截，正面平整。
所属墓群	不详
组合关系	门楣石，与左、右门柱，左、右门扉为墓门面五石组合。
画面简述	画面分为内、外两栏。外栏为卷云纹。左、右两端阳刻一圆形，象征日、月。内栏为瑞兽图。画面以瑞草为间隔，从左到右为羽人向麒麟献瑞草、独角有翼犀牛形怪兽、翼龙、虎、双头鹿、玉兔捣药、九尾狐、卧鹿。
著录与文献	李林、康兰英、赵力光：《陕北汉代画像石》，西安：陕西人民出版社，1995 年，图 211；绥德汉画像石展览馆编，李贵龙、王建勤主编：《绥德汉代画像石》，西安：陕西人民美术出版社，2001 年，29 页，图 10；曹世玉总编《绥德文库——汉画像石卷》，北京：中国文史出版社，2004 年，266 页，图 224。
出土/征集时间	1951 年征集
收藏地	西安碑林博物馆

编号	SSX-SD-128-02
时代	东汉
原收藏号	不详
出土地	义合镇后思家沟
原石尺寸	116×38
画面尺寸	不详
质地	砂岩
原石情况	原石断为两截，中段左边残损。正面平整。
所属墓群	不详
组合关系	左门柱，与门楣石，右门柱，左、右门扉为墓门面五石组合。
画面简述	画面分为上、下两格。上格分为内、外两栏。外栏为卷云纹，与门楣石外栏的卷云纹衔接。内栏上为西王母（东王公？）端坐于仙山神树之上，左右有玉兔、羽人跪侍。树干间有九尾狐、鹿、飞鸟、瑞草。下为一门吏戴平巾帻，着长襦大袴，拥彗面门而立。下格为玄武。
著录与文献	李林、康兰英、赵力光：《陕北汉代画像石》，西安：陕西人民出版社，1995年，图212；绥德汉画像石展览馆编，李贵龙、王建勤主编：《绥德汉代画像石》，西安：陕西人民美术出版社，2001年，29页，图10；曹世玉总编：《绥德文库——汉画像石卷》，北京：中国文史出版社，2004年，266页，图225。
出土/征集时间	1951年征集
收藏地	西安碑林博物馆

编号	SSX-SD-128-03
时代	东汉
原收藏号	不详
出土地	义合镇后思家沟
原石尺寸	116×38
画面尺寸	不详
质地	砂岩
原石情况	正面平整。
所属墓群	不详
组合关系	右门柱，与门楣石，左门柱，左、右门扉为墓门面五石组合。
画面简述	画面分为上、下两格。上格分为内、外两栏。外栏为卷云纹，与横楣石外栏的卷云纹衔接。内栏上为西王母（东王公？）端坐于仙山神树之上，左右有玉兔、羽人跪侍。树干间有狐、鹿、飞鸟、瑞草。下为一门吏戴平巾帻，着长襦大袴持棨戟面门而立。下格为玄武。
著录与文献	李林、康兰英、赵力光：《陕北汉代画像石》，西安：陕西人民出版社，1995年，图215；绥德汉画像石展览馆编，李贵龙、王建勤主编：《绥德汉代画像石》，西安：陕西人民美术出版社，2001年，29页，图10；曹世玉总编：《绥德文库——汉画像石卷》，北京：中国文史出版社，2004年，267页，图228。
出土/征集时间	1951年征集
收藏地	西安碑林博物馆

编号	SSX-SD-128-04
时代	东汉
原收藏号	不详
出土地	义合镇后思家沟
原石尺寸	112×50
画面尺寸	不详
质地	砂岩
原石情况	正面平整。
所属墓群	不详
组合关系	左门扉，与门楣石、左、右门柱、右门扉为墓门面五石组合。
画面简述	朱雀、铺首、虎。
著录与文献	陕西省博物馆、陕西省文物管理委员会合编：《陕北东汉画像石刻选集》，北京：文物出版社，1959年，66页，图57；李林、康兰英、赵力光：《陕北汉代画像石》，西安：陕西人民出版社，1995年，图213；绥德汉画像石展览馆编，李贵龙、王建勤主编：《绥德汉代画像石》，西安：陕西人民美术出版社，2001年，29页，图10；曹世玉总编：《绥德文库——汉画像石卷》，北京：中国文史出版社，2004年，266页，图226。
出土/征集时间	1951年征集
收藏地	西安碑林博物馆

编号	SSX-SD-128-05
时代	东汉
原收藏号	不详
出土地	义合镇后思家沟
原石尺寸	119×51
画面尺寸	不详
质地	砂岩
原石情况	正面平整。
所属墓群	不详
组合关系	右门扉，与门楣石、左、右门柱、左门扉为墓门面五石组合。
画面简述	朱雀、铺首、翼龙。
著录与文献	陕西省博物馆、陕西省文物管理委员会合编：《陕北东汉画像石刻选集》，北京：文物出版社，1959年，44页，图35；李林、康兰英、赵力光：《陕北汉代画像石》，西安：陕西人民出版社，1995年，图214；绥德汉画像石展览馆编，李贵龙、王建勤主编：《绥德汉代画像石》，西安：陕西人民美术出版社，2001年，29页，图10；曹世玉总编：《绥德文库——汉画像石卷》，北京：中国文史出版社，2004年，267页，图227。
出土/征集时间	1951年征集
收藏地	西安碑林博物馆

编号	SSX-SD-134-01
时代	东汉
原收藏号	不详
出土地	义合镇园子沟
原石尺寸	108×26
画面尺寸	不详
质地	砂岩
原石情况	正面平整。
所属墓群	不详
组合关系	横楣石，与左、右门柱为三石组合。
画面简述	阴线刻菱形组成的几何图案。
著录与文献	陕西省博物馆、陕西省文物管理委员会合编：《陕北东汉画像石刻选集》，北京：文物出版社，1959年，76页，图70；李林、康兰英、赵力光：《陕北汉代画像石》，西安：陕西人民出版社，1995年，图221；曹世玉总编：《绥德文库——汉画像石卷》，北京：中国文史出版社，2004年，444页，图404。
出土/征集时间	1956年征集
收藏地	西安碑林博物馆

编号	SSX-SD-134-02
时代	东汉
原收藏号	不详
出土地	义合镇园子沟
原石尺寸	112×26
画面尺寸	不详
质地	砂岩
原石情况	正面平整。
所属墓群	不详
组合关系	左门柱，与横楣石、右门柱为三石组合。
画面简述	阴线刻菱形组成的几何图案。
著录与文献	李林、康兰英、赵力光：《陕北汉代画像石》，西安：陕西人民出版社，1995年，图222；曹世玉总编：《绥德文库——汉画像石卷》，北京：中国文史出版社，2004年，444页，图405。
出土/征集时间	1956年征集
收藏地	西安碑林博物馆

编号	SSX-SD-134-03
时代	东汉
原收藏号	不详
出土地	义合镇园子沟
原石尺寸	112×26
画面尺寸	不详
质地	砂岩
原石情况	正面平整，其余侧面不详。
所属墓群	不详
组合关系	右门柱，与横楣石、左门柱为三石组合。
画面简述	阴线刻菱形组成的几何图案。
著录与文献	李林、康兰英、赵力光：《陕北汉代画像石》，西安：陕西人民出版社，1995 年，图 223；曹世玉总编：《绥德文库——汉画像石卷》，北京：中国文史出版社，2004 年，445 页，图 406。
出土/征集时间	1956 年征集
收藏地	西安碑林博物馆

编号	SSX-SD-136-01
时代	东汉
原收藏号	不详
出土地	义合镇
原石尺寸	109×52
画面尺寸	不详
质地	砂岩
原石情况	原石中段右部分残缺，正面平整。
所属墓群	不详
组合关系	左门扉，与右门扉为墓门面二石组合。
画面简述	朱雀、铺首、独角兽。铺首所衔之环内阳刻一虎。朱雀的眼睛、羽翅，铺首的五官，独角兽的眼睛、身上的斑纹均用阴线刻画。铺首的口腔、牙齿阴、阳刻结合。
著录与文献	陕西省博物馆、陕西省文物管理委员会合编：《陕北东汉画像石刻选集》，北京：文物出版社，1959 年，40 页，图 29；李林、康兰英、赵力光：《陕北汉代画像石》，西安：陕西人民出版社，1995 年，图 588；曹世玉总编：《绥德文库——汉画像石卷》，北京：中国文史出版社，2004 年，486 页，图 450。
出土/征集时间	1946 年征集
收藏地	西安碑林博物馆

编号	SSX-SD-136-02
时代	东汉
原收藏号	不详
出土地	义合镇
原石尺寸	107×52
画面尺寸	不详
质地	砂岩
原石情况	正面平整。
所属墓群	不详
组合关系	右门扉，与左门扉为墓门面二石组合。
画面简述	朱雀、铺首、独角兽。铺首所衔之环内阳刻一龙。朱雀的眼睛、羽翅，铺首的五官，独角兽的眼睛、身上的斑纹均用阴线刻画。铺首的口腔、牙齿阴、阳刻结合。
著录与文献	陕西省博物馆、陕西省文物管理委员会合编：《陕北东汉画像石刻选集》，北京：文物出版社，1959 年，40 页，图 30；李林、康兰英、赵力光：《陕北汉代画像石》，西安：陕西人民出版社，1995 年，图 589；绥德汉画像石展览馆编，李贵龙、王建勤主编：《绥德汉代画像石》，西安：陕西人民美术出版社，2001 年，105 页，图 54；曹世玉总编：《绥德文库——汉画像石卷》，北京：中国文史出版社，2004 年，486 页，图 451。
出土/征集时间	1956 年征集
收藏地	西安碑林博物馆

编号	SSX-SD-137
时代	东汉
原收藏号	不详
出土地	义合镇
原石尺寸	146×37
画面尺寸	不详
质地	砂岩
原石情况	正面平整。
所属墓群	不详
组合关系	不详
画面简述	画面分为上、下两格。上格分为内、外两栏。外栏为卷云鸟兽纹，其间穿插狐、乌、玉兔捣药、羽人拽怪兽尾、怪兽衔虎尾、鹿、飞鸟等。内栏上为西王母头戴胜仗，端坐于神树之上，左、右有玉兔、羽人跪侍。树干间有鹿、狐、飞鸟、瑞草。下为一门吏戴平巾帻，着长襦大袴，拥彗面门而立。下格为博山炉，旁立二妇人，着袍，头梳垂髻髻。左一小孩站立曳妇人的裙摆，右一小孩手执枝条，伸腿坐于地上。画面中动物身上的皮毛或斑纹，人物的五官、衣帽纹褶均以阴线刻画。
著录与文献	陕西省博物馆、陕西省文物管理委员会合编：《陕北东汉画像石刻选集》，北京：文物出版社，1959 年，39 页，图 28。
出土/征集时间	1946 年征集
收藏地	西安碑林博物馆

编号	SSX-SD-146-03
时代	东汉
原收藏号	无
出土地	张家砭乡黄家塔
原石尺寸	120×34
画面尺寸	84×27
质地	砂岩
原石情况	正面平整。
所属墓群	黄家塔 M1
组合关系	右门柱，与门楣石，左门柱，左、右门扉为墓门面五石组合。
画面简述	画面分为内、外两栏。外栏为卷云禽兽纹，其间有玄武、狐、兔等。内栏上格为东王公头戴山形冠，侧身坐于神树之上，与面前的仙人博弈。树干间有鹿形兽出没。下格一门吏，带帻巾着褐衣，双手拥彗面门站立。
著录与文献	李林、康兰英、赵力光：《陕北汉代画像石》，西安：陕西人民出版社，1995 年，图359。
出土/征集时间	1983 年出土
收藏地	绥德县博物馆

编号	SSX-SD-147-02
时代	东汉
原收藏号	不详
出土地	张家砭乡黄家塔
原石尺寸	101×37
画面尺寸	不详
质地	砂岩
原石情况	正面、背面平整，上、下、右侧面平整，左侧面呈毛石状。
所属墓群	黄家塔 M2
组合关系	左门柱，与门楣石，右门柱，左、右门扉为墓门面五石组合。
画面简述	画面分为内、外两栏。外栏为卷云鸟兽纹。内栏上格为一臂背生翼神，发束高扬，侧面坐于神树之上，树干上一龙盘曲缠绕。下为一门吏着袍拥彗，面门而立。
著录与文献	李林、康兰英、赵力光：《陕北汉代画像石》，西安：陕西人民出版社，1995 年，图 361。
出土/征集时间	1983 年出土
收藏地	绥德县博物馆

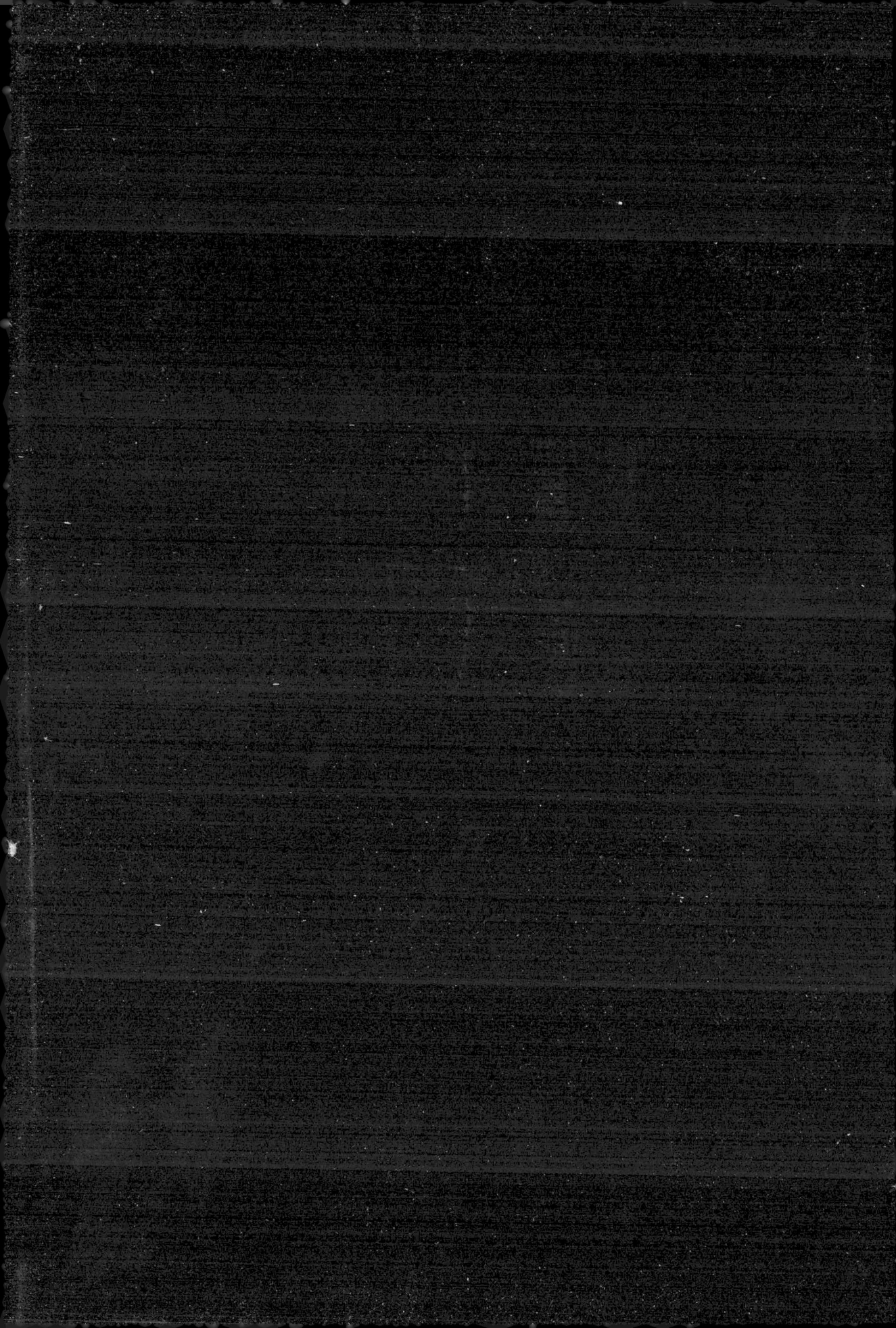